Feine Küche
schnell & einfach

Rezepte mit Fisch Band 1

Amuse-Bouche

Vorspeisen/Salate

Mousses, Sülzen, Terrinen & Pasteten

Inhalt

FLUSSKREBSE UND MEERESFRÜCHTE

FISCH/SÜSSWASSERFISCHE

FISCH/MEERESFISCHE

„Ich muss mal ein Hühnchen mit dir rupfen!“

Karriere eines Hobbykochs

„Ich muss mal ein Hühnchen mit dir rupfen!“ Diese spannende Ankündigung meiner Mutter habe ich nie vergessen. Was ich damals im Alter von 6 Jahren angestellt habe, weiß ich nicht mehr. Dennoch blieb die turbulente Hotelküche meiner Mutter ein bevorzugter Aufenthaltsort meiner Kindheit. Und wie Geflügel gerupft und ausgenommen wird, ist für mich seit dieser Zeit die normalste Sache der Welt.

Als ich 10 Jahre alt war, verbrachte ich die Sommerferien auf einem kleinen Bauernhof. Nicht weit hinter dem Haus lag ein wunderschöner See. Der gleichaltrige Sohn der Familie brachte mir dort das Angeln bei. Ohne Schwierigkeiten fingen wir bei jedem Angelausflug einige kleine Barsche. Ich lernte, sie fachgerecht auszunehmen und zu säubern. Mittags wurden sie dann für uns „Fischer“ mit etwas Butter in der Pfanne gebraten. Sie waren einfach köstlich.
Wenig später war ich dann der Einzige, der die in der Badewanne schwimmenden Karpfen zu Silvester schlachten und ausnehmen konnte. Daraus entstand als Silvestergericht „Karpfen polnisch“. Der in Scheiben aufgeschnittene Fisch wurde in einer wunderbaren Sauce aus Malzbier, Wacholder, Lorbeer und Lebkuchen pochiert. Bis heute ist „Karpfen polnisch“ für mich das beste Karpfenrezept.

Mit 12 Jahren verpflegte ich meine Kameraden beim Zelten. Über offenem Feuer wurden Buletten gebraten und Kartoffeln in der Asche gegart. Es ist für mich immer noch ein Erlebnis, auf offenem Feuer eine große Paella für viele Gäste zuzubereiten. Nur auf offenem Feuer gelingt das Originalaroma einer echten Paella. Holzraucharomen verbinden sich mit aufsteigendem Dampf aus der Paellapfanne. Dabei fallen winzige, aromatisierte Wassertröpfchen zurück in die Pfanne. Nur so kann das einzigartige leichte Raucharoma einer echten Paella entstehen. Auf das Nationalgericht spezialisierte Spitzenrestaurants bereiten in Spanien aus diesem Grunde dieses einstige Bauern- und Fischergericht vor ihren Gästen auf offenen Holzfeuern zu.

In meiner Studentenzeit gab es dann unter den Kommilitonen einen ausgeprägten Wettstreit um das beste Spaghetti-alla-bolognese-Rezept. Dieses vorzügliche Pastagericht konnten wir uns leisten. Und es passte genau zu unserem ständigen großen Appetit. Neben Studium und geplanter Karriere in der Wirtschaft galt meine große Leidenschaft nicht der Kochkunst, sondern seit meiner Jugend dem Regattasegeln. Neben dem Rennsegeln reizte es mich, meine Fähigkeiten auch auf einer Hochseereise zu erproben. Meine rudimentären Kochkenntnisse verleiteten mich deshalb im Alter von 24 Jahren als Crewmitglied auf meiner ersten Hochseereise das Kochen für unsere 4-Mann-Crew zu übernehmen.

Unser kleiner Zweimast-Boston-Schoner „Rubicon“, 1936 in den USA aus Holz gebaut.

Unser kleiner Zweimast-Boston-Schoner „Rubicon“ wurde 1936 in den USA aus Holz gebaut. In der Pantry gab es einen Holzherd zum Brotbacken und Heizen im Winter. Ein Petroleumkocher mit zwei Flammen diente auf unserer Reise von Düsseldorf über Holland nach Norwegen und zurück zum Kochen. Petroleumkocher haben ihre Tücken und erfordern neben technischen Fähigkeiten viel Geduld. Die Brenner werden mit Spiritus vorgeheizt. Mit einer Handpumpe erzeugt der Koch den notwendigen Druck im Petroleumtank. Zusätzlich erfordert das Kochen bei mehr oder weniger heftigen Schiffsbewegungen neben Seefestigkeit (der Smutje darf nicht seekrank werden) eine gewisse Akrobatik. Unser Proviant bestand zum größeren Teil aus Konserven, Reis, Nudeln und allem, was sich ohne Kühlschrank gut aufbewahren lässt. In unserer ersten Nacht auf See gerieten wir vor der holländischen Küste in einen schweren Sturm. Unser Schiff machte Wasser und wir mussten uns an der Pumpe ablösen. Nach 24 Stunden hatten sich Sturm und Seegang halbwegs gelegt. Mit wieder erwachenden Lebensgeistern kam unser Appetit zurück. Allerdings hatten sich durch das viele Wasser im Schiff alle Papieretiketten von den Konserven gelöst und schwammen in der Bilge umher.

Ich wählte auf der weiteren Reise zu jeder warmen Mahlzeit nach dem Zufallsprinzip unterschiedliche Dosen aus. Daraus entstanden Gerichte in gewagten Kombinationen. Ein solches Erlebnis förderte die Kreativität in der Küche ungemein. Ganz gleich, was man hat, mit Fantasie und Geschick lässt sich aus unterschiedlichsten Zutaten immer eine interessante Mahlzeit zubereiten. In den nächsten Jahren folgten viele Segelreisen. Gleichzeitig steigerte sich meine Freude am Kochen. So war ich auf allen Meeren vom Mittelmeer bis in die Karibik bis heute immer gleichzeitig Skipper, Navigator und Smutje.

Auch nach Gründung meiner Familie ergab es sich, dass ich täglich die Hauptmahlzeiten zubereitete. Das ist bis heute so geblieben. Für mich ist es eine wunderbare Form der Entspannung, nach einem arbeitsreichen Tag zusammen mit meiner Frau ein schönes Abendessen zu kochen und über die Tagesereignisse zu sprechen.

Harte Arbeit: Die ersten Rebstöcke auf „Ca'n Vey" sind gepflanzt.

Ein Kochbuch brachte die entscheidende Wende in mein Leben: „Die neue Küche" von Paul Bocuse, dem bekanntesten Protagonisten der „Nouvelle Cuisine". Seine vorzüglichen Beschreibungen professioneller Zubereitungen entwickelten sich für mich zur faszinierenden Anleitung in der Küche. Fortan wurde mein Verhältnis zur gehobenen Kochkunst intensiver und leidenschaftlicher. Aus dieser Begegnung entstand die Idee, professionelles Küchenzubehör und erstklassige Zutaten, die nicht überall zu haben sind, engagierten Hobbyköchen anzubieten.

Nach gründlicher Vorbereitung erschien unter dem Titel „besserKOCHEN" mein erster Versand-Katalog. Es folgten die arbeitsreichsten und beruflich spannendsten Jahre meines Lebens. Und gleichzeitig lernte ich richtig kochen. Über 10 Jahre war Dieter Schalljo in seiner Düsseldorfer Kochschule mein Lehrer. Dort erweitern meine Mitarbeiter bis heute ständig ihr kulinarisches Wissen.

Zum guten Essen gehört guter Wein. Eigenen Wein anzubauen war eine Idee, die mich nicht mehr losließ. Ich erwarb in den frühen 80er Jahren in den Bergen Mallorcas die verlassene Finca „Ca'n Vey". Das uralte Steinhaus war zur verfallenen Ruine heruntergekommen. Von den stützenden Trockenmauern, die das bergige Gelände vor Erosion schützen sollten, existierten nur noch rudimentäre Reste. Es gab anfänglich keinen Strom, kein Wasser und kein Telefon. Das Mobiltelefon war noch nicht erfunden. Meine Freunde, denen ich das kleine Anwesen enthusiastisch zeigte, schüttelten beim Anblick der abgelegenen Wildnis nur verständnislos den Kopf. Der Wiederaufbau in kleinen Schritten hat lange gedauert.

Zuerst wurde nur ein Teil des alten Hauses im traditionellen Stil wieder errichtet. In die Küche wurde ein mit Holz befeuerter Eisenherd zum Heizen und Kochen eingebaut. Wie die Sterneköche auf ihren teuren Molteni-Herden habe ich auf diesem Herd durch Hin- und Herschieben der Töpfe die Kochtemperatur variiert. In der Mitte wurde die Herdoberfläche extrem heiß. Am Rand reichte die Temperatur zum Warmhalten. Trotz umständlichem Anheizen, ständigem Nachlegen von Holzscheiten und dem Entfernen der Asche war das Kochen auf diesem Herd ein ursprüngliches Erlebnis. Sein summendes Holzfeuer und die angenehme Wärme im Winter trugen zur einzigartigen Atmosphäre der Küche mit ihren dicken Bruchsteinmauern, handbemalten Kacheln und dem rotbraunen Terrakottaboden bei. Gegessen wurde neben der offenen Küche am großen gescheuerten Holztisch.

Nachdem das terrassierte Gelände mit traditionellen Trockenmauern gegen Erosion gesichert war, habe ich das Gelände mit Cabernet-Sauvignon- und Merlot-Reben bepflanzt. Schritt für Schritt erlernte ich den Anbau und die Weinherstellung. Francesc Fibla, Önologe des benachbarten Weingutes Santa Catarina, wurde mein Lehrer. 5 Jahre brauchte der junge Wein bis zur ersten Ernte. In dieser Zeit wurde die Bodega gebaut und das Gebäude in seiner ursprünglichen Größe wiederhergestellt. Inzwischen gibt es Strom, Telefon und ein 76 m tiefer Brunnen liefert ausreichend Wasser zum Bewässern der Reben. Unser Wein trägt den Namen der Finca „Ca'n Vey". Nach temperaturkontrollierter Fermentation reift er ein Jahr in kleinen Eichenfässern. Er ist von tiefroter Farbe. Sein ausgeprägter Geschmack ist dezent würzig mit feinen Tanninen und unverwechselbaren Kirscharomen.

Gelegentlich bin ich gefragt worden, ob mir die Arbeit in der Küche eines eigenen Restaurants keine Freude bereiten würde. Ich bin mit einigen hervorragenden Köchen befreundet und bewundere ihre Arbeit. Sie sind zum Teil Künstler ihres Berufes, erstklassige Handwerker und immer harte Arbeiter. Als engagierter Hobbykoch habe ich es da viel leichter. Ich darf, aber ich muss in meiner Küche nicht ständig Höchstleistungen erbringen. Unsere jüngste Tochter Julia äußerte mit 16 Jahren den Wunsch, Köchin zu werden. Ich bat Giuseppe Bonveccio, Neapolitaner und Patron des erstklassigen Krefelder Restaurants „Villa Medici", Julia in den Schulferien in seine Küchenbrigade aufzunehmen. Julia verbrachte als einziger weiblicher Küchenmitarbeiter 6 Wochen lang täglich 10 Stunden unter 12 jungen Italienern. Als Vater hat man da so seine Bedenken. Für Julia war es eine wunderbare Zeit. Sie hat enorm viel gelernt und alle haben sich prächtig verstanden. Julia kocht immer noch voller Begeisterung. Dennoch hat sie es vorgezogen, ein Medizinstudium aufzunehmen.

Alles Handarbeit:
An- und Ausbau des
Weins auf „Ca'n Vey".

„Le Temps Perdu“

Gegenüber professionellen Köchen hat der Hobbykoch einen weiteren Vorteil. Er ist in der Lage, sein Vergnügen in der Küche mit den Vorzügen der Kommunikation zu verbinden. Ganz gleich, wie weit seine Fähigkeiten als Koch gediehen sind, mit einer Einladung zum Essen lassen sich Beziehungen zu Freunden wunderbar pflegen, vertiefen oder wieder auffrischen.
Zur Weinernte lade ich immer viele Freunde als Helfer ein. Der schönste Teil des Tages ist, nach einigen Stunden Arbeit unter der sengenden spanischen Sonne, die gemeinsame Mahlzeit. Für die vielen Personen mache ich dann einen rustikalen Kichererbsen-Eintopf, mit Zwiebeln, Tomaten, viel Knoblauch, rotem Paprika und Chorizo. Oder es gibt eine schwarze Paella mit Sepia, spitzen grünen Paprikaschoten, rundem spanischem Paellareis, Fischfond und tiefschwarzer Sepiatinte.

Aber auch als geübter Hobbykoch sollte man es nicht übertreiben. Zu einem meiner Geburtstage habe ich einmal mit meiner Frau zusammen für insgesamt 28 Personen ein 4-Gänge-Menü zubereitet. Das Essen ist gut gelungen und die Stimmung meiner Gäste war vorzüglich. Ich hatte meinen Freunden einmal mehr bewiesen, dass ich ein ganz passabler Koch bin. Meine Frau und ich hatten jedoch vom Essen und den eingeladenen Freunden wenig. Wie der Koch eines Restaurants konnte ich nach dem Dessert nur noch freundlich lächelnd, aber erschöpft umhergehen und meine Gäste fragen, ob alles in Ordnung war.

Beim Kochen für Freunde darf man das eigene Vergnügen nicht vergessen. Um als Koch selbst den Abend zu genießen, begrenze ich die Gästezahl auf 8 bis maximal 12 Personen. Auch auf Experimente und das Ausprobieren neuer Gerichte sollte man als kochender Gastgeber verzichten. Es ist keine besonders originelle Entschuldigung, lieben Freunden während eines Essens zu eröffnen: „Das koche ich heute zum ersten Mal.“
Ein Menü für Gäste muss nach den persönlichen Fähigkeiten und Möglichkeiten sorgfältig geplant und gut vorbereitet sein. Dann wird auch niemals Hektik aufkommen. Gastgeber, die mit hochroten Köpfen zwischen Küche und Esstisch hin und her eilen, sind für die Gäste keine Freude.

Besonders wichtig ist es mir, einmal am Tag die Familie zum gemeinsamen Essen um den Tisch zu versammeln. Ich halte das für eine Errungenschaft der menschlichen Kultur, die in unserer Zeit leider verloren zu gehen scheint. Um die Attraktivität dieses Zusammenseins zu fördern, habe ich versucht, immer so gut (und auch kindergerecht) zu kochen, dass selbst einfache Gerichte etwas Besonderes sind. Nur die Förderung der Esskultur und das bewusste Genießen gut zubereiteter, unverfälschter (gesunder) Lebensmittel kann der zerstörerischen Wirkung industrieller Fastfood-Gerichte Paroli bieten. Für die Familie und für Freunde zu kochen, zum gemeinsamen Essen einen guten Wein zu trinken und miteinander zu sprechen, gehört für mich zu den schönsten Dingen des Alltags.

Neben allen privaten und beruflichen Aktivitäten als engagierter Freund der guten Küche habe ich eine andere Passion nie aufgegeben. Auf meinem alten französischen Lotsenkutter „Le Temps Perdu“ aus der Normandie, einem Design von 1885, segle ich immer noch Klassikboot-Regatten. Zurzeit baue ich in die Pantry des Bootes einen traditionellen englischen „Taylor's“-Petroleum-Kocher ein. Er hat zwei Brenner, die mit Spiritus vorgeheizt werden müssen. Mit einer Handpumpe muss der Koch den notwendigen Druck im Petroleumtank erzeugen. Es wird sicher wunderbar, für die Crew darauf zu kochen.

Die Rezepte

In meiner Küche habe ich im Laufe einiger Jahre die Rezepte dieses Buches entwickelt und verfeinert. Dabei sind Anregungen und Rezeptideen meiner Lehrer und Vorbilder ebenso eingeflossen, wie eigene Erfahrungen und Erkenntnisse. Im Gegensatz zur Profiküche fehlen im Haushalt oft Zeit und Möglichkeiten, notwendige Zutaten für die feine Küche in kleiner Menge selbst herzustellen. Dazu gehören beispielsweise Fonds, Demiglace, Consommé double und alles, was durch umfangreiche Reduktion größerer Mengen zu besonderer Geschmacksfülle gelangt. Die Herstellung einer klassischen Saucenbasis aus angerösteten Karkassen und Röstgemüsen, das Ablöschen mit Wein, Auffüllen mit Brühen, ständiges Reduzieren und eventuell Entfetten ist ein spannender Vorgang. Neben Können und Zugang zu vorzüglichen Produkten ist dafür jedoch sehr viel Zeit erforderlich. Deshalb habe ich alle Rezepte meiner „Feinen Küche" weitgehend so angelegt, dass sie mit den normalen Möglichkeiten einer Haushaltsküche schnell, einfach und ohne übertriebenen Aufwand machbar sind.

Hierfür wird, wenn nötig, auf erstklassige, fertig erhältliche Zutaten zurückgegriffen. Ebenso habe ich bei aufwendigeren Rezepten gelegentlich eine einfachere Zubereitungsvariante hinzugefügt. Produkte, die es frisch und in erstklassiger Qualität nur für kurze Zeit im Jahr gibt, werden, wenn möglich, durch konservierte Produkte ersetzt. Hierzu gehören beispielsweise Trüffel-Carpaccio oder Morcheln im Glas. Auch echte San-Marzano-Tomaten in Dosen sind für eine Saucenbasis nicht nur in den Wintermonaten dem üblichen Supermarkt-Tomatenangebot haushoch überlegen.

Es ist nicht erforderlich, sich immer streng an alle Vorgaben der Rezepte zu halten. Um Neues zu finden oder Traditionelles wiederzuentdecken, sollten beim Kochen Kreativität und Improvisation immer Spielraum haben. Aus diesem Grunde und ebenso zur Arbeitserleichterung sind alle Mengenangaben möglichst einfach gehalten. Statt 95 g Zwiebeln oder 140 g Lauch steht in den Rezepten dann 1 Zwiebel oder 2 Stangen Lauch. Ein Gericht wird immer gelingen, ganz gleich, ob das Grammgewicht einer Zwiebel oder einer Lauchstange ein wenig höher oder geringer ist. Statt 45 g Butter oder 20 g Salz wird man meist Angaben in EL (Esslöffel) oder TL (Teelöffel) finden. Ebenso sind alle Mengenangaben für Flüssigkeiten einheitlich in Milliliter (ml), Liter (l) oder Esslöffel (EL) angegeben. Zur Arbeitserleichterung folgt die Aufzählung aller Zutaten dem logischen Ablauf der Arbeitsschritte. Die Summe all dieser Kleinigkeiten soll das Kochen nach meinen Rezepten erleichtern und zusätzlich ein wenig schneller und einfacher machen.

Damit die angegebenen Garzeiten stimmen, muss die Temperatur des eigenen Backofens bekannt sein. Die eingestellte Temperatur entspricht oft nicht der tatsächlichen Innenraumtemperatur. Die meisten Backöfen sind äußerst ungenau. Insbesondere beim Garen im niedrigen Temperaturbereich ist das immens wichtig. Dieses Problem sollte auf einfachste Weise mit einem guten Backofenthermometer gelöst werden. Ein Einstechthermometer ist bei der Zubereitung von Fleischstücken zudem eine große Hilfe.

Alle Rezepte sind aus einzelnen Elementen für jeden Kochvorgang zusammengesetzt. So ist es möglich, nach Marktangebot, persönlichen Vorlieben oder Schwierigkeitsgrad einzelne Teile unterschiedlicher Rezepte wie Bausteine zu anderen Kombinationen zusammenzustellen.

Die Rezepte dieses Kochbuches sind anspruchsvoll und die Ergebnisse eine feine Küche auf gehobenem Niveau. Sie erheben jedoch keinesfalls den Anspruch, die Höchstleistung, Finesse und Einzigartigkeit erstklassiger professioneller Köche zu erreichen. Vielmehr ist es das Ziel dieses Buches, die Zubereitung anspruchsvoller Gerichte zu erleichtern und damit zur unbeschwerten Freude bei der Arbeit in der Küche und zum Genuss im Kreise von Freunden und Familie beizutragen.

Ich wünsche Ihnen viel Freude
beim Kochen und Genießen

Hagen Grote
pour le gourmet
TRÜFFEL
CARPACCIO

AMUSE-BOUCHE

SUSHI-SANDWICHES

ZUTATEN *Für 4 Personen*

SUSHI-SANDWICH-CREMES

100 g Ricotta
3 EL Mascarpone
1 EL gehackte Walnüsse
Schnittlauchröllchen
oder
100 g fein gewürfelter Gorgonzola
2 EL Sahne
1 TL Dijon-Senf
1 EL Zitronensaft
oder
3 EL Crème fraîche
2 EL Mayonnaise
50 g Ziegenkäse
1 Knoblauchzehe, gepresst
oder
50 g weißer Thunfisch, fein gehackt
2 EL Kapern
3 EL Crème fraîche
2 EL Mayonnaise
1 EL gehackte Petersilie
oder
50 g Stilton
3 EL Portwein
2 EL gehackte Walnüsse
3 EL Crème fraîche
oder
100 g Frischkäse
3 EL Crème fraîche
1 TL Dijon-Senf
1 TL Currypulver
zerstoßene Korianderkörner

AUSSERDEM

Toastbrotscheiben
weitere Zutaten nach Belieben:
etwa geräucherter oder gekochter Schinken, geräucherte Forellenfilets, Räucherlachs, Krabben, rohes oder gedünstetes Gemüse, gehackte Kräuter, gerösteter Sesam, grober Pfeffer

ZUBEREITUNG

1 Zutaten der ausgewählten Sushi-Sandwich-Cremes zerkleinern und gut miteinander mischen.
2 Die gewünschte Menge Toastbrotscheiben entrinden. Die Brotscheiben jeweils mit würziger Sushi-Sandwich-Creme bestreichen. Die Creme sollte das Brot etwas durchfeuchten, dadurch lässt es sich nach kurzer Zeit aufrollen, ohne zu reißen.
3 Weitere Zutaten für Sushi-Sandwiches nach gewünschter Vielfalt und benötigter Menge auswählen: Infrage kommen etwa geräucherter oder gekochter Schinken, geräuchertes Forellenfilet,Räucherlachsscheiben, Krabben, Forellenkaviar, rohe Staudenselleriestreifen, gedünsteter grüner Spargel, gedünstete Lauchzwiebeln, gedünstete Zucchinistreifen, frische Kräuter, gehackte Nüsse, Sesamsamen, verschiedene Pfeffersorten (rot, grün, schwarz), schwarze Oliven.
4 Sobald die Toastscheiben durchfeuchtet sind, eine zur Creme passende Zutat als Füllung an eine Brotkante legen. Sie bildet nach Fertigstellung den Kern der Sushi-Rolle. Dieser Kern kann beispielsweise aus einem oder mehreren Streifen Schinken, geräuchertem Fisch, Meeresfrüchten, gedünstetem oder rohem Gemüse, ein wenig Kaviar oder fein gehackten Kräutern bestehen.
5 Die fertig vorbereiteten Brotscheiben auf eine mit Klarsichtfolie belegte Sushi-Matte oder ein Tuch legen. Vorsichtig eng aufrollen. Die Röllchen in Klarsichtfolie einschlagen und vor dem Aufschneiden etwa 1 Stunde im Kühlschrank ruhen lassen. So behalten sie ihre Form.

Fertigstellen und Anrichten

Folie entfernen und die fertigen Röllchen in gehackten Kräutern, geröstetem Sesam, geschrotetem Pfeffer, Kaviar oder fein gehackten Oliven wälzen. Die Röllchen dann in gleichmäßige »Sushi«-Stücke schneiden. In Reihen senkrecht auf Tellern platzieren und servieren.

Blätterteigschnecken mit Füllungen aus getrockneten sizilianischen Kirschtomaten oder Sobrasada aus Mallorca

Zutaten *Für 4 Personen*

Blätterteig-Schnecken

TK-Blätterteig
1 verquirltes Eigelb

Kirschtomaten-Füllung

150 getrocknete Kirschtomaten
Pfeffer
1 Prise Zucker
1–2 TL fein gehackter Rosmarin und Thymian
2 Knoblauchzehen
Olivenöl

Sobrasada-Füllung

150 g Sobrasada
2 TL Honig
1 TL fein gehackter Rosmarin

Anmerkung

Für dieses Rezept lassen sich alle getrockneten Tomaten verwenden. Allerdings sind getrocknete Kirschtomaten aus Süditalien oder, noch besser, aus Sizilien ungleich aromatischer und von überzeugender Geschmacksfülle. Sobrasada ist nicht leicht erhältlich und lässt sich auch durch kein anderes Produkt ersetzen. Die geschabte Schweinemettwurst, gewürzt mit mediterranen Kräutern und viel Paprika, ist eine Spezialität Mallorcas. Am besten ist sie aus dem Fleisch der urtümlichen schwarzen, halbwild lebenden Schweine der Insel.

Zubereitung

Blätterteig-Schnecken

1 Blätterteig nach Vorschrift auftauen und ganz leicht ausrollen.
2 Den Backofen auf 200 °C vorheizen. Ein Backblech mit Backpapier auslegen

Kirschtomaten-Füllung

1 Die getrockneten Kirschtomaten in kochendem Wasser 3 Minuten blanchieren, gut abtropfen lassen, gründlich trocknen und fein hacken. Tomaten mit frisch gemahlenem Pfeffer, Zucker, Rosmarin und Thymian würzen.
2 Knoblauch durch die Presse drücken und mit wenig Olivenöl unter die gehackten Tomaten mischen.
3 Die Kirschtomaten-Füllung auf einer Hälfte des Blätterteiges dünn verstreichen und diesen fest aufrollen.

Sobrasada-Füllung

1 Sobrasada mit einer Gabel zerdrücken und gut mit Honig und sehr fein gehacktem Rosmarin mischen.
2 Die Sobrasada-Füllung auf dem restlichen Blätterteig dünn verstreichen und den Teig fest aufrollen.

Fertigstellen und Anrichten

Die Teigrollen quer in etwa 1 cm dicke Scheiben schneiden und diese mit ausreichendem Abstand (der Teig geht auf) auf ein Blech setzen. Den Rand mit verquirltem Eigelb bestreichen und die Blätterteigschnecken im vorgeheizten Ofen in 15 Minuten schön kross backen. Herausnehmen und die zweierlei Blätterteigschnecken noch warm auf einer Platte oder auf Vorspeisentellern anrichten. Mit Spießchen aus Rosmarinzweigen und Basilikumblättchen garnieren.

Dreierlei Gemüse-Crostini

Zutaten *Für 4 Personen*

Champignon-Crostini

300 g Champignons
1 Schalotte
2 EL Olivenöl
1 Knoblauchzehe
½ Bund glatte Petersilie
Fleur de Sel, Pfeffer
Saft von ½ Zitrone
grobes italienisches Weißbrot
Schnittlauchhalme

Staudensellerie-Tomaten-Crostini mit Ziegenkäse

4 Tomaten
2 Stangen Staudensellerie
100 g Ziegenkäse
grobes italienisches Weißbrot
Olivenöl
Salz, Pfeffer
glatte Petersilie

Crostini mit schwarzer Oliventapenade

200 g schwarze, in Öl eingelegte Oliven mit Stein
1 EL Kapern
2 Sardellenfilets in Salz
1 kleine rote Chilischote
Oregano, schwarzer Pfeffer
etwa 60 ml Olivenöl
grobes italienisches Weißbrot
Fleur de Sel
Zitrone

Anmerkung

Crostini kommen ursprünglich aus der Toskana, wo man das ungesalzene Brot röstet und mit Geflügelleber-, Wildschweinpastete oder nur mit Knoblauch einreibt. Dann wird es gesalzen, mit fruchtigem Olivenöl beträufelt und als kleine Vorspeise gereicht. Toasten Sie für Crostini möglichst grobes italienisches Weißbrot mit ungleichmäßiger, offener Porung. Auch Ciabatta oder nicht zu feines Baguette lassen sich dafür verwenden.

Zubereitung

Champignon-Crostini

1 Champignons trocken abreiben, die Stiele herausdrehen und wegwerfen. Die Köpfe häuten und die Lamellen mit einem spitzen Messer entfernen. Champignonköpfe in feine Würfel schneiden.
2 Schalotte pellen, fein würfeln und in Olivenöl glasig andünsten. Champignonwürfel hinzufügen und bei lebhafter Hitze unter Rühren dünsten, bis die von den Pilzen abgegebene Flüssigkeit verdampft ist.
3 Inzwischen Knoblauch schälen und fein hacken. Petersilie waschen, trocknen, die Blättchen abzupfen und sehr fein hacken. Knoblauch und Petersilie unter die Pilze rühren und mit Fleur de Sel, Pfeffer und Zitronensaft würzen.
4 Weißbrot in Scheiben schneiden und rösten. Mit der Champignonmasse belegen und mit Schnittlauchhalmen garnieren.

Staudensellerie-Tomaten-Crostini mit Ziegenkäse

1 Tomaten von den Stielansätzen befreien und auf der gegenüberliegenden Seite kreuzweise einritzen. Einzeln in kochendem Wasser 10 Sekunden blanchieren. Anschließend die Tomaten häuten, vierteln und entkernen. Die Viertel erst in Streifen, dann in kleine Würfel schneiden. In einem Sieb gut abtropfen lassen.
2 Vom Staudensellerie sorgfältig alle groben Fäden abziehen. Die Selleriestangen erst längs in dünne Streifen, dann quer in kleine Würfel schneiden.
3 Den Ziegenkäse ebenfalls klein würfeln und mit den abgetropften Tomaten- und Selleriewürfeln mischen.
4 Das Weißbrot in Scheiben schneiden und in einer Pfanne in Olivenöl leicht kross braten. Die gerösteten Brotscheibchen mit der Gemüsemischung belegen und mit Salz und Pfeffer würzen. Crostini vor dem Servieren mit Petersilienblättchen garnieren.

Zubereitung

Crostini mit schwarzer Oliventapenade

1 Die Oliven entsteinen. Kapern waschen und abtropfen lassen. Sardellen kurz wässern, um den Salzgehalt zu verringern. Anschließend gut abtropfen lassen.
2 Chilischote halbieren, Stielansatz und Kerne entfernen und das Fruchtfleisch grob würfeln.
3 Alles in den Mixer geben und mit Oregano und Pfeffer würzen. Fein pürieren und dabei so viel Olivenöl zugießen, bis eine streichfähige Masse entsteht.
4 Die Weißbrotscheibchen rösten und mit schwarzer Oliventapenade bestreichen. Mit ein paar Kapern garnieren und mit Fleur de Sel bestreuen.

Fingerfood mit Geflügelleber, Gänse-Rillettes, Sobrasada-Creme

Zutaten *Für 4 Personen*

Geflügelleber
- 200 g Geflügelleber
- ½ Zwiebel
- 1 Knoblauchzehe
- ½ Bund glatte Petersilie
- 2 EL Olivenöl
- 1 Apfel
- 50 ml Süßwein (Sauternes/Vin Santo)
- 1 EL Kapern
- 2 Sardellen
- Salz, Pfeffer

Gänse-Rillettes
- 4 Gänsekeulen
- Salz, Pfeffer
- 300 g Gänseschmalz
- 2 Zweige Rosmarin
- 2 Knoblauchzehen

Sobrasada-Creme
- 200 g Sobrasada
- 1 Schalotte
- 2 TL Honig
- 3-4 EL Weißwein
- Rosmarin, fein gehackt

Ausserdem
- dunkles Graubrot
- Olivenöl
- Petersilie, Kapern
- hart gekochtes, gewürfeltes Eiweiß
- Fleur de Sel

Zubereitung

Geflügelleber
1 Die Geflügelleber sauber parieren und grob würfeln. Zwiebel und Knoblauch schälen und beides fein hacken. Petersilie waschen, trocknen und die Blättchen fein hacken.
2 Zwiebel und Knoblauch in einer Pfanne in Olivenöl 1 Minute andünsten. Den Apfel schälen, vom Kerngehäuse befreien und zur Hälfte fein würfeln. Apfelwürfel in der Pfanne 1 Minute mitdünsten.
3 Geflügelleber zufügen und 1 Minute mitbraten. Die Leberwürfel sollen innen noch rosa sein. Fein gehackte Petersilie zugeben, mit Süßwein ablöschen und 1 Minute einkochen lassen.
4 Kapern waschen, Sardellen wässern und beides mit Küchenpapier trocknen. Die Geflügellebermischung wenig salzen, aber kräftig pfeffern. Zusammen mit den Sardellen und Kapern im Mixer nur ganz kurz und nicht zu fein pürieren.
5 Brotscheiben entrinden und in 2 x 5 cm große Streifen schneiden. In Olivenöl rösten und mit der Geflügellebermasse bestreichen. Den übrigen Apfel in dünne Spalten schneiden. Geflügelleber mit Petersilienblättchen, gewürfeltem Eiweiß, Kapern und den Apfelspalten garnieren.

Gänse-Rillettes
1 Gänsekeulen enthäuten. Das Fleisch vom Knochen lösen und von Sehnen befreien. Die Fleischstücke grob würfeln, salzen und pfeffern.
2 Anschließend das Gänsefleisch in wenig Gänseschmalz ringsum 2 Minuten anbraten. Das restliche Gänseschmalz im Backofen auf etwa 80 °C erwärmen.
3 Rosmarin waschen, trocknen und die Nadeln sehr fein hacken. Knoblauch schälen und in Scheibchen schneiden. Das Gänsefleisch mit Rosmarin und Knoblauch in das heiße Gänseschmalz geben und 3 bis 4 Stunden bei 80 °C im Ofen garen. Anschließend das Gänsefleisch im Schmalz erkalten lassen.
4 Brotscheiben entrinden und in 2 x 5 cm große Streifen schneiden. In Olivenöl rösten, mit Gänse-Rillettes bestreichen und Fleur de Sel darüberstreuen.

Sobrasada-Creme
1 Sobrasada grob zerkleinern und in einer Schüssel mit der Gabel zerpflücken.
2 Die Schalotte pellen und in feine Würfelchen schneiden. Schalottenwürfel und Honig zur Sobrasada geben und gut vermischen. Unter Rühren mit der Gabel löffelweise den Weißwein zufügen. Nur soviel Weißwein zugeben, bis eine cremig lockere Konsistenz erreicht ist.
3 Brotscheiben entrinden und in 2 x 5 cm große Streifen schneiden. In Olivenöl rösten und nicht zu dünn mit Sobrasada-Creme bestreichen. Mit etwas fein gehacktem Rosmarin bestreuen.

Anmerkung
Die beste Sobrasada wird aus dem Fleisch schwarzer mallorquiner Schweine gemacht, die halbwild in den entlegenen Eichenwäldern des Massis d' Artà Gebirges aufwachsen. Würzige Sobrasada aus geschabtem Schweinefleisch, Paprika und Salz findet in vielen Rezepten der mallorquiner Regionalküche Verwendung.

Vorspeisensüppchen im Glas

Zutaten *Für 4 Personen*

Apfel-Erbsencreme-Süppchen

2 Äpfel
1 Stange Lauch (nur der weiße Teil)
2 EL Butter
250 g TK-Erbsen
300 ml Geflügelbrühe
oder Geflügelfond
75 ml Sahne
Salz, Pfeffer, Minzeblättchen

Schinkenkrusteln

4 schmale Streifen luftgetrockneter
Schinken oder Bacon

Kürbis-Ziegenkäse-Creme

1 Stange Lauch (nur der weiße Teil)
300 g Kürbisfruchtfleisch
(Muskatkürbis ist gut geeignet)
1 Knoblauchzehe
1 EL Butter
½ TL Zucker
50 ml Weißwein
250 ml Geflügelbrühe
75 g Crème fraîche
50 g Ziegenfrischkäse
Salz, Pfeffer, Minzeblättchen

Scampi-Spiesse

4 Scampi (deutsch: Kaisergranate)
(ersatzweise große Garnelen)
4 Scheiben Bacon
2 EL Olivenöl

Zubereitung

Apfel-Erbsencreme-Süppchen

1 Einen Apfel schälen, vom Kerngehäuse befreien und würfeln. Den Lauch putzen und in dünne Ringe schneiden.
2 Apfelwürfel und Lauchringe in 1 EL Butter hell andünsten. Erbsen, Geflügelbrühe und Sahne zufügen. Alles 15 Minuten köcheln lassen und mit Salz und Pfeffer würzen. Die Mischung im Mixer fein pürieren und durch ein Sieb passieren.
3 Den zweiten Apfel schälen, vom Kerngehäuse befreien, klein würfeln und in der restlichen Butter leicht anbraten.

Schinkenkrusteln

1 Den Backofen auf 150 °C vorheizen. Die Schinken- oder Baconstreifen zwischen Backpapier auf ein Backblech legen. Mit einem ofenfesten Topf beschweren, damit sie ihre flache Form behalten.
2 Die Schinken- oder Baconstreifen im vorgeheizten Ofen 20 Minuten backen.

Fertigstellen und Anrichten

Das Süppchen in kleine Vorspeisengläser füllen. Die angebratenen Apfelwürfel auf der Oberfläche verteilen und alles mit Schinkenkrusteln und Minze garnieren.

Zubereitung

Kürbis-Ziegenkäse-Creme

1 Lauch putzen und in dünne Ringe schneiden. Das Kürbisfruchtfleisch in Würfel schneiden. Knoblauch schälen und fein hacken.

2 In einem Topf die Butter zerlassen und den Lauch mit dem Zucker darin hell andünsten. Dann Kürbis und Knoblauch zufügen und 2 Minuten mitdünsten.

3 Alles mit Weißwein und Geflügelbrühe ablöschen und bei geringer Hitze weich kochen.

4 Crème fraîche und den Ziegenfrischkäse mit dem Schneebesen einrühren. Alles einmal aufkochen lassen und anschließend mit dem Mixstab pürieren.

5 Das Süppchen durch ein Sieb passieren und mit Salz und Pfeffer abschmecken.

Scampi-Spiesse

1 Von den Scampi die Köpfe mit den Scheren abdrehen. Die Schwänze über den Rücken mit einer Küchenschere aufschneiden, schälen und den dunklen Darm entfernen.

2 Die Scampi-Schwänze jeweils in eine Scheibe Bacon einwickeln. In Olivenöl ringsum in 2 bis 3 Minuten knusprig braten, dann auf kleine Spieße stecken.

Fertigstellen und Anrichten

Die Kürbis-Ziegenkäse-Creme in kleine Vorspeisengläser füllen und mit etwas Minze garnieren. Zum Servieren einen Scampi-Spieß über das Glas legen.

Zwei delikate kalte Kartoffelsüppchen

Zutaten *Für 4 Personen*

Vichyssoise

- 50 g frische Kräuter (Petersilie, Kerbel, Estragon)
- 70 g Butter
- 1 Stange Lauch
- 50 ml Weißwein
- 300 ml Geflügelbrühe oder Geflügelfond
- 150 g Crème fraîche
- 150 g mehligkochende Kartoffeln
- Salz, Pfeffer
- 4 Wachteleier
- Schnittlauchröllchen
- 1 EL Kaviar

Kalte Kartoffelcreme und Pancetta-Krustel

- 1 Schalotte
- 1 EL Butter
- 150 g Kartoffeln
- 50 ml Noilly Prat
- ½ l Geflügelbrühe
- 200 ml Sahne
- Salz, Pfeffer, Muskat
- 4 Scheiben Pancetta
- Schnittlauchhalme

Zubereitung

Vichyssoise mit Wachtelei-Spiess

1 Kräuter waschen und trocknen. Die Blättchen abzupfen und mit 50 g Butter im Mixer zu Kräuterbutter verarbeiten.

2 Den Lauch waschen, putzen und in Stücke schneiden. In 1 EL Butter weich dünsten, aber nicht bräunen. Weißwein, Geflügelbrühe und Crème fraîche zufügen und alles leicht einkochen lassen.

3 Die Kartoffeln in der Schale weich kochen, abgießen, pellen und ausdampfen lassen. Anschließend die Kartoffeln noch warm durch die Kartoffelpresse drücken. Mit dem Mixstab so viel Kartoffelmasse in die Suppe einarbeiten, bis eine leichte Bindung entsteht.

4 Die kalte Kräuterbutter mit dem Mixstab untermontieren. Das Süppchen mit Salz und Pfeffer abschmecken und kühl stellen.

5 Wachteleier 6 Minuten kochen, kalt abschrecken und pellen.

Fertigstellen und Anrichten

Die Vichyssoise kalt (aber nicht eiskalt) in Gläschen anrichten und mit Schnittlauchröllchen bestreuen. Wachteleier auf kleine Spieße stecken, über das Glas legen und mit etwas Kaviar garnieren.

Kalte Kartoffelcreme und Pancetta-Krustel

1 Die Schalotte schälen, fein würfeln und in der Butter 2 Minuten hell andünsten.

2 Kartoffeln schälen, in sehr feine Würfel schneiden und zu der Schalotte geben. Alles mit Noilly Prat ablöschen. Geflügelbrühe und Sahne auffüllen und die Kartoffelwürfel darin weich garen. Das Süppchen im Mixer pürieren und durch ein feines Sieb passieren. Salzen, pfeffern, mit Muskat abschmecken und kühl stellen.

3 Die Pancetta-Scheiben in einer Pfanne mit Backpapier bedecken. Mit einem Topf beschweren, um sie flach zu halten. Pancetta-Scheiben in etwa 6 Minuten knusprig braten und dann abkühlen lassen.

4 Das kalte (aber nicht eiskalte) Kartoffelcreme-Süppchen in kleine Vorspeisengläser füllen. Mit halbierten Schnittlauchhalmen und den Pancetta-Krusteln garniert servieren.

Drei verschiedene Amuse-Bouches mit Kaviar

Zutaten *Für 4 Personen*

Kaviar-Kartoffel-Vermicelli

1 große mehligkochende Kartoffel
weiche Butter (etwa 20 % der Kartoffelmenge)
saure Sahne
Kaviar

Kaviar-Erdbeer-Carpaccio

Erdbeeren
Edelfisch-, Lachs- oder Forellenkaviar
rosa Pfeffer
Crema di Balsamico

Avocado-Kaviar

1 Avocado
Zitronensaft
Walnuss- oder Avocadoöl
Lachs- oder Forellenkaviar
Kefir
Koriandergrün

Anmerkung

Beim Einkauf von Kaviar immer nur die allerbeste Qualität und niemals Sonderangebote kaufen. Als Vorspeise sind 250 g Kaviar für vier Personen kulinarisch die richtige Menge. Kaviar sollte stets gut gekühlt sein und möglichst nicht mit Metall-Löffeln serviert oder gegessen werden. Pasteurisierter Kaviar wird von Gourmets zwar nicht so hoch geschätzt wie frischer Kaviar. Im Geschmack ist er dennoch kräftiger und sein Korn bleibt angenehm hartschalig. Sobald Kaviar über 45 °C erwärmt wird, verliert er sein Aroma. In warmen Gerichten und heißen Saucen hat Kaviar deshalb nichts zu suchen. Eine Kaviarsauce darf aus diesem Grund bei der Herstellung nur lauwarm sein. Als Alternative für heiße Zubereitungen bietet sich der sogenannte Edelfischkaviar (Surimi-Kaviar) an, der höher erhitzt werden kann.

Zubereitung

Kaviar-Kartoffel-Vermicelli

1 Die Kartoffel weich kochen, pellen und heiß durch die Kartoffelpresse drücken.
2 Zimmerwarme, weiche Butter cremig rühren und mit der Kartoffelmasse mischen. Dann alles erneut durch die Kartoffelpresse drücken.
3 Die so entstandenen Kartoffel-Vermicelli sofort auf Vorspeisentellern anrichten. Mit einem Häubchen saurer Sahne überziehen und mit einem Löffel Kaviar garnieren.

Kaviar-Erdbeer-Carpaccio

1 Die Erdbeeren sehr dünn aufschneiden und dekorativ auf kleinen Vorspeisentellern anordnen.
2 Etwas Kaviar darauf verteilen und mit rosa Pfeffer bestreuen. Mit der Balsamico-Creme ein feines Linienmuster über das Erdbeer-Carpaccio ziehen und mit halbierten Erdbeeren garnieren.

Avocado-Kaviar

1 Avocado schälen, vom Kern befreien und das Fruchtfleisch in kleine Würfel schneiden.
2 Die Avocadowürfel sofort mit einigen Tropfen Zitronensaft und Walnussöl mischen. Dann abwechselnd Lachs- oder Forellen-Kaviar und marinierte Avocadowürfel in Vorspeisengläschen schichten.
3 Jeweils mit einem Häubchen Kefir abschließen und mit ein paar Korianderblättchen garnieren.

GEFÜLLTE PARMESAN-KÖRBCHEN AUF RUCOLA

ZUTATEN *Für 4 Personen*

PARMESAN-KÖRBCHEN
2 ½ EL Sesam
175 g frisch geriebener Parmesan
2 ½ EL Paniermehl
1 EL Olivenöl

FÜLLUNG
3 Tomaten
2 Stängel Staudensellerie
2 EL Agrimetto (Zitronen-Olivenöl-Mischung)

RUCOLA-SALAT
Rucola
1 Knoblauchzehe
1 EL Zitronensaft
1 TL Zucker
Salz, Pfeffer
2 EL Olivenöl

AUSSERDEM
Selleriegrün
Parmesanspäne

ZUBEREITUNG

PARMESAN-KÖRBCHEN
1 Sesam, Parmesan und Paniermehl gut miteinander vermischen.
2 In einer kleinen beschichteten Pfanne etwas Olivenöl erhitzen und ein Viertel der Parmesanmasse darin zu einem leicht knusprigen runden Pfannküchlein schmelzen. Das Pfannküchlein wenden und auf der anderen Seite kurz weiterbraten.
3 Das Pfannküchlein noch heiß aus der Pfanne heben und in einem Schälchen zu einem Körbchen formen. Das Parmesan-Körbchen anschließend erkalten lassen. Dabei wird es fest und lässt sich gut füllen.

FÜLLUNG
1 Die Tomaten von den Stielansätzen befreien, kreuzweise einschneiden und 10 Sekunden in kochendes Wasser tauchen. Von den Tomaten die Haut abziehen, vierteln, entkernen und klein würfeln.
2 Vom Staudensellerie die Fäden abziehen und die Stängel erst in dünne Streifen, dann quer in feine Würfel schneiden.
3 Tomaten- und Selleriewürfel mit dem Agrimetto (Zitronen-Olivenöl) mischen.

RUCOLA-SALAT
1 Rucola waschen, abtropfen lassen und trocken schleudern.
2 Knoblauch schälen, durch die Presse drücken und mit Zitronensaft, Zucker, Salz und Pfeffer mischen. Alles mit Olivenöl zu einer Vinaigrette verrühren.

Fertigstellen und Anrichten
Rucola mit der Vinaigrette mischen und auf Teller verteilen. Jeweils ein Parmesan-Körbchen in die Mitte setzen. Die Tomaten-Staudensellerie-Mischung hineinfüllen und mit Selleriegrün und Parmesanspänen garnieren.

Gefüllte Trüffel-Brotkugeln

Zutaten *Für 8–12 Personen*

Brotkugeln
5 g frische Hefe
250 g Weizenmehl Typ 550
1 TL Salz

Trüffelfüllung
50 g frische schwarze Wintertrüffel
1 EL Portwein

Außerdem
Trüffelöl

Zubereitung

Brotkugeln
1 Die Hefe in das gesiebte Mehl bröckeln und mit Salz und ca. 175 ml Wasser zu einem homogenen Teig verarbeiten. Den Teig kräftig durchkneten. Dabei durch Ziehen und Strecken möglichst viel Luft einarbeiten. Anschließend zugedeckt 1 Stunde gehen lassen.
2 Den Teig in 16 Portionen teilen und zu glatten Bällchen formen. Die Teigkugeln mit ausreichend Abstand auf ein geöltes Backblech (oder besser noch auf eine Tonbackplatte) setzen und weitere 15 Minuten ruhen lassen.

Trüffelfüllung
1 Trüffel unter fließendem Wasser mit einer harten Bürste gründlich säubern. Mit Küchenpapier trocken tupfen und sehr dünn schälen.
2 Die Trüffel mit einem Trüffelhobel in hauchdünne Scheiben hobeln. Mit dem Portwein beträufeln und kurz durchziehen lassen. Die Schalen anderweitig verwenden.

Fertigstellen und Anrichten
Mit einem bemehlten Holzlöffelstiel Mulden in die Brotkugeln drücken. Die marinierten Trüffelscheiben in die Mulden füllen. Die Brotkugeln wieder verschließen und unter einem Tuch zugedeckt weitere 5 Minuten gehen lassen. Dann das Blech in den auf 250 °C vorgeheizten Ofen schieben. Die Temperatur auf 220 °C reduzieren und die Brotkugeln etwa 10 Minuten backen. Die Trüffel-Brotkugeln aus dem Ofen nehmen, mit Trüffelöl bestreichen und warm servieren.

Schnell & einfach
Viel einfacher ist die Herstellung der Brotkugeln aus einer guten Fertigbackmischung. Frische Trüffeln lassen sich durch Trüffel-Carpaccio aus dem Glas ersetzen.

Trüffel-Bruschetta und Trüffel-Törtchen auf Trüffel-Emulsion

Zutaten *Für 4 Personen*

Trüffel-Bruschetta

1 kleine schwarze Trüffel
2 Frühlingszwiebeln
2 EL Butter
2 EL Madeira
100 ml Geflügelfond
1 EL Trüffelöl
Fleur de Sel, Pfeffer
grobes weißes italienisches Landbrot (ersatzweise Ciabatta)
Trüffelöl zum Beträufeln

Trüffel-Törtchen

40 g frische schwarze Wintertrüffel
1 EL Butter
2 EL Portwein
4 Eier
4 beschichtete Timbale-Förmchen
Butter für die Förmchen
Fleur de Sel
Baguettescheiben

Trüffel-Emulsion

1 Ei
2 EL Madeira
3 EL Geflügelfond
50 ml Trüffelöl
Salz, Pfeffer

Zubereitung

Trüffel-Bruschetta

1 Die Trüffel unter fließendem Wasser mit einer harten Bürste reinigen und trocknen. Sehr dünn schälen und in dünne Scheiben schneiden. Trüffelschalen zum Aromatisieren eines anderen Gerichtes verwenden.

2 Frühlingszwiebeln putzen, den weißen Teil längs vierteln und ebenfalls in feine Würfel schneiden.

3 Butter in einer Pfanne aufschäumen lassen und die Trüffelscheiben darin bei mittlerer Hitze 3 Minuten andünsten. Anschließend die Frühlingszwiebelwürfel zufügen und 1 weitere Minute mitgaren.

4 Alles mit Madeira ablöschen. Den Geflügelfond zugießen und auf ein Drittel einkochen.

5 Brot in 1,5 cm dicke Scheiben schneiden, goldbraun rösten und großzügig mit Trüffelöl beträufeln.

Fertigstellen und Anrichten

Die gerösteten Brotscheiben mit Trüffel-Carpaccio belegen und kräftig mit Fleur de Sel und frisch gemahlenem Pfeffer würzen.

Schnell & einfach

Statt frischer Trüffel für die Bruschetta Trüffel-Carpaccio aus dem Glas verwenden. Dafür die Trüffelscheibchen in einem Sieb abtropfen lassen und das Trüffelöl auffangen. Das geröstete Brot großzügig mit Trüffelöl beträufeln. Dachziegelartig mit den Trüffelscheiben belegen und kräftig mit grobem Meersalz und Pfeffer würzen.

Zubereitung

Trüffel-Törtchen

1 Die Trüffel unter fließendem Wasser mit einer harten Bürste säubern, trocknen und sehr dünn schälen. Mit dem Trüffelhobel in hauchdünne Scheiben hobeln. Trüffelschalen zum Aromatisieren eines anderen Gerichtes verwenden.

2 Butter in einer Pfanne aufschäumen und die Trüffelscheiben darin bei mittlerer Hitze 4 Minuten braten. Dann mit dem Portwein ablöschen und diesen fast vollständig verdampfen lassen.

3 Den Backofen auf 180 °C vorheizen und die Förmchen mit Butter ausstreichen.

4 Die Eier trennen und das Eiweiß steif schlagen. Eiweiß in die Förmchen füllen und die Oberfläche glatt streichen. Jeweils 1 Eigelb in die Mitte gleiten lassen und den restlichen Eischnee als Haube auf die Förmchen verteilen. Die Törtchen im vorgeheizten Ofen 6 Minuten backen, dann herausnehmen.

Trüffel-Emulsion

1 Das Ei genau 6 Minuten kochen, kalt abschrecken und pellen. Mit Madeira, Geflügelfond und Trüffelöl im Mixer pürieren. Die Trüffel-Emulsion mit Salz und Pfeffer würzen.

Schnell & einfach

Frische Trüffel durch Trüffel-Carpaccio aus dem Glas ersetzen. Die Trüffelscheiben abtropfen lassen. Das Trüffelöl auffangen und für die Trüffel-Emulsion sowie zum Braten der Baguettescheiben verwenden. Das Eischneetörtchen mit den abgetropften Trüffelscheiben belegen.

Fertigstellen und Anrichten

Die Trüffel-Emulsion auf Teller verteilen. Eischneetörtchen vorsichtig aus den Formen lösen und auf die Emulsion setzen. Die gebratenen Trüffelscheiben auf den Törtchen verteilen und alles mit wenig Fleur de Sel bestreuen. In Trüffelöl knusprig gebratene Baguettescheiben dazu reichen.

Trüffel-Ziegenkäse-Waffeln

Zutaten *Für 4 Personen*

Trüffel

- 40 g frische schwarze Wintertrüffel
- 1 EL Butter
- 2 EL Portwein

Waffeln

- 4 Eier
- 120 g weiche Butter
- Salz
- 200 g Ziegenfrischkäse
- 35 g Mehl
- 35 g Speisestärke (Maizena)
- 15 g Trockenhefe
- 2 EL Trüffelöl

Ausserdem

- Crème fraîche

Zubereitung

Trüffel

1 Die Trüffel unter fließendem Wasser mit einer harten Bürste gründlich säubern, mit Küchenpapier trocken tupfen und sehr dünn schälen. Dann mit dem Trüffelhobel in hauchdünne Scheiben hobeln. Die Trüffelschalen zum Aromatisieren eines anderen Gerichtes verwenden.

2 Butter in einer Pfanne aufschäumen lassen und die Trüffelscheiben darin bei mittlerer Hitze 4 Minuten braten. Mit dem Portwein ablöschen und diesen fast vollständig verdampfen lassen.

Waffeln

1 Die Eier sorgfältig trennen und das Eiweiß kühl stellen. Zimmerwarme, weiche Butter mit dem Handrührgerät cremig weiß aufschlagen und leicht salzen.

2 Anschließend erst die Eigelbe, dann den Ziegenfrischkäse unterrühren, bis eine homogene Masse entstanden ist.

3 Das Mehl sieben und gut mit der Speisestärke und der Trockenhefe mischen.

4 Eiweiß steif schlagen, abwechselnd mit der Mehlmischung unter die Butter-Ziegenkäse-Masse heben und alles zu einem glatten Teig verrühren.

5 Das Waffeleisen vorheizen und mit etwas Trüffelöl einfetten. So viel Teig einfüllen, bis der untere Waffeleinsatz knapp bedeckt ist. In 4 bis 5 Minuten eine knusprige Waffel ausbacken. Die fertige Waffel herausnehmen und auf einem Kuchengitter abkühlen lassen. Auf diese Weise den restlichen Teig zu Waffeln verbacken.

Fertigstellen und Anrichten

Die Ziegenkäse-Waffeln mit gebratenen Trüffelscheiben belegen. Jeweils 1 TL Crème fraîche darauf verteilen. Waffeln im Backofen unter dem vorgeheizten Backofengrill gratinieren, bis die Crème fraîche leicht gebräunt ist. Die Waffeln noch heiß servieren.

Schnell & einfach

Statt frischer Wintertrüffel Trüffel-Carpaccio aus dem Glas verwenden. Dafür die Trüffelscheiben in einem Sieb abtropfen lassen. Das aufgefangene Trüffelöl zum Einfetten des Waffeleisens verwenden.

TRÜFFEL-CARPACCIO MIT KARTOFFELSTREIFEN AUF TRÜFFEL-EMULSION

ZUTATEN *Für 4 Personen*

TRÜFFEL-CARPACCIO
50 g frische schwarze Wintertrüffel
2 EL Butter
2 EL Portwein

KARTOFFELSTREIFEN
2 bis 3 festkochende Kartoffeln

TRÜFFEL-EMULSION
1 Ei
50 ml Geflügelfond
50 ml Trüffelöl
Fleur de Sel

ZUBEREITUNG

TRÜFFEL-CARPACCIO
1 Die Trüffel unter fließendem Wasser mit einer harten Bürste gründlich säubern. Mit Küchenpapier trocken tupfen und sehr dünn schälen. Auf einem Trüffelhobel in hauchdünne Scheiben hobeln.
2 Butter in einer Pfanne aufschäumen. Die Trüffelscheiben darin bei lebhafter Hitze in 3 Minuten knusprig braten. Mit Portwein ablöschen und diesen fast vollständig verdampfen lassen. Die Pfanne vom Herd nehmen.

KARTOFFELSTREIFEN
1 Kartoffeln schälen und auf dem Küchenhobel erst in dünne Scheiben hobeln, dann mit dem Messer in feine Streifen schneiden.
2 Die Kartoffelstreifen in kochendem Salzwasser 30 bis 40 Sekunden blanchieren. Sofort eiskalt abschrecken und in einem Küchentuch gut trocknen.

TRÜFFEL-EMULSION
1 Das Ei genau 6 Minuten kochen, kalt abschrecken und pellen.
2 Ei und Geflügelfond im Mixer pürieren. Dabei das Trüffelöl langsam einlaufen lassen, bis eine sämige Emulsion entsteht. Die Trüffel-Emulsion mit Fleur de Sel abschmecken.

Fertigstellen und Anrichten
Kartoffelstreifen in der Trüffel-Emulsion wenden und 10 Minuten durchziehen lassen. Dann abwechselnd Kartoffelstreifen und einige Scheiben Trüffel-Carpaccio mit Hilfe von Vorspeisenringen dekorativ aufschichten. Mit der Trüffel-Emulsion nappieren.

SCHNELL & EINFACH
Frische schwarze Wintertrüffel lassen sich durch Trüffel-Carpaccio (Trüffelscheiben in Trüffelöl eingelegt) aus dem Glas ersetzen. Die Trüffelscheiben abtropfen lassen und das aufgefangene Trüffelöl für die Herstellung der Trüffel-Emulsion verwenden.

Vorspeisen/Salate

SPARGEL-PANNA-COTTA AUF RUCOLA

ZUTATEN *Für 4 Personen*

SPARGEL-PANNA-COTTA

je 12 Stangen weißer
und grüner Spargel
1 TL Zucker
1 EL Butter
Salz
250 ml Sahne
Pfeffer
6 ½ Blatt Gelatine, kalt eingeweicht
2 EL glatte Petersilie
3 EL Crème fraîche

SPARGELSAUCE

½ Bund glatte Petersilie
Abschnitte vom grünen Spargel
1 EL Crème fraîche
Salz, Pfeffer

RUCOLA

2 Bund Rucola
1 Knoblauchzehe
1 EL Zitronensaft
1 TL Zucker
Salz, Pfeffer
2 EL Olivenöl
2 EL Pinienkerne

AUSSERDEM

Parmesan am Stück
Lachskaviar

ZUBEREITUNG

SPARGEL-PANNA-COTTA

1 Den weißen Spargel ganz, vom grünen Spargel nur das untere Drittel schälen. Jeweils die holzigen Enden abschneiden.
2 Den weißen Spargel mit Zucker und Butter in kochendem Salzwasser in etwa 8 Minuten knapp al dente garen. Dann mit einem Schaumlöffel herausheben und eiskalt abschrecken.
3 Anschließend den grünen Spargel im gleichen Kochwasser in etwa 5 Minuten gar kochen. Ebenfalls kalt abschrecken und beide Spargelsorten trocken tupfen.
4 Vom weißen und grünen Spargel 8 cm lange Spitzen abschneiden. Die grünen Spargelabschnitte für die Sauce beiseitelegen. Die weißen Spargelabschnitte im Mixer fein pürieren. Das weiße Spargelpüree durch ein Sieb in einen Topf passieren. Mit der Sahne verrühren und einige Minuten einkochen lassen. Mit Salz und Pfeffer abschmecken.
5 Von der weißen Spargelmasse 500 ml abmessen. Die in kaltem Wasser eingeweichte Blattgelatine gut ausdrücken und in der noch warmen Spargelmasse auflösen.
6 Anschließend die Spargelmasse in 4 beschichtete Timbaleförmchen mit ca. 125 ml Inhalt füllen und mindestens 5 Stunden im Kühlschrank fest werden lassen.

SPARGELSAUCE

1 Petersilie waschen und die Blättchen abzupfen. Mit Küchenpapier trocken tupfen.
2 Die Petersilie mit den unteren grünen Spargelabschnitten im Mixer sehr fein pürieren und durch ein Sieb passieren. Anschließend die Crème fraîche unterrühren. Die grüne Spargelsauce mit Salz und Pfeffer abschmecken.

RUCOLA

1 Rucola waschen, trocken schleudern und die harten Stiele entfernen.
2 Die Knoblauchzehe abziehen, durch die Presse drücken und mit Zitronensaft, Zucker, Salz, Pfeffer und Olivenöl zu einer Vinaigrette verrühren.
3 Pinienkerne in einer beschichteten Pfanne ohne Fett leicht braun rösten.

ANMERKUNG

1 Timbaleförmchen hat etwa 125 ml Inhalt. Werden andere Förmchen verwendet, müssen die weiße Spargelmasse und der Gelatineanteil entsprechend erhöht oder reduziert werden. Für je 100 ml Spargelsahne werden 1,3 Blatt Gelatine benötigt.

Fertigstellen und Anrichten

Die Spargel-Panna-cotta vorsichtig aus den Timbaleförmchen lösen und in die Mitte auf große Vorspeisenteller setzen. Rucola mit der Vinaigrette mischen und die Spargel-Panna-cotta damit umlegen. Weiße und grüne Spargelspitzen dekorativ dazu anordnen und leicht mit der Spargelsauce überziehen. Alles mit gerösteten Pinienkernen bestreuen und etwas Parmesan darüberhobeln. Mit ein wenig Lachskaviar dekorieren.

Spargelsalat mit Orangensauce

Zutaten *Für 4 Personen*

Spargelsalat

1 kg weißer Spargel
Salz
1 Prise Zucker
4 Eier
1 Friséesalat

Orangensauce

2 große Orangen
1 TL Zucker
Salz
1 EL Zitronensaft
Pfeffer
1 TL Dijon-Senf
2 EL Orangenöl
(ersatzweise Pflanzenöl)
2 EL Crème fraîche
2 EL Bitterorangenmarmelade

Außerdem

Walnusshälften

Zubereitung

Spargelsalat

1 Den Spargel schälen und die holzigen Enden abschneiden.
2 Spargel in Salzwasser (10 g/Liter) mit dem Zucker 8 Minuten kochen.
3 Herausnehmen, eiskalt abschrecken und trocken tupfen.
4 Den Spargel leicht schräg in etwa 4 cm lange Stücke schneiden.
5 Die Eier in 5 bis 6 Minuten wachsweich kochen, kalt abschrecken und pellen.
6 Vom Friséesalat nur die zarten hellen Blätter verwenden. Salatblätter waschen, trocken schleudern und in mundgerechte Stücke zupfen.

Orangensauce

1 Die Orangen filetieren. Dafür von den Orangen erst mit einem Messer oben und unten eine Kappe abschneiden. Dann die Schale mit der weißen Innenhaut großzügig abschälen. Dabei ist es wichtig, die bittere weiße Unterhaut und die äußere Membranhaut vollständig zu entfernen. Anschließend die einzelnen Orangenfilets mit dem Messer aus den Trennhäuten lösen.
2 Die ausgelösten Orangenfilets auf einem Sieb gut abtropfen lassen.
3 Zucker und Salz mit Zitronensaft verrühren, bis sich die Kristalle aufgelöst haben. Dann Pfeffer und Senf untermischen.
4 Zum Schluss Orangenöl (ersatzweise Pflanzenöl), Crème fraîche und Bitterorangenmarmelade zufügen und alles zu einer cremigen Sauce verrühren.

Fertigstellen und Anrichten

Den Friséesalat auf großen Tellern anrichten. Die Eier längs halbieren und auf die Teller setzen. Spargelstücke darauf verteilen und mit den Orangenfilets umlegen. Mit der Orangensauce überziehen und einige Walnusskerne darüberstreuen.

SPARGELSCHAUM-SALAT

ZUTATEN *Für 4 Personen*

SPARGELSCHAUM
- 1 kg weißer Spargel
- Saft von ½ Zitrone
- 1 TL Zucker
- Salz
- 6 Blatt Gelatine
- 100 ml Sahne

GRÜNER-SPARGEL-SALAT
- 6 Stangen grüner Spargel
- Salz
- 1 TL Zucker
- Saft von ½ Zitrone
- Blattsalate der Saison, etwa Romana oder Kopfsalat
- Kerbel

ZUBEREITUNG

SPARGELSCHAUM
1 Die Spargelstangen schälen und die holzigen Enden abschneiden.
2 In einem Topf ausreichend Wasser mit dem Zitronensaft und Zucker aufkochen. Den Spargel darin in etwa 20 Minuten gut weich kochen.
3 Den Spargel abgießen, dabei 400 ml Spargelkochwasser auffangen.
4 Den Spargel mit 300 ml Spargelkochwasser im Mixer pürieren, durch ein feines Sieb passieren und salzen.
5 Die Gelatine 5 Minuten in kaltem Wasser einweichen. Die restlichen 100 ml Spargelkochwasser leicht erwärmen und die gut ausgedrückte Blattgelatine darin auflösen.
6 Die Gelatine unter das Spargelpüree rühren und die Masse abkühlen lassen.
7 Die Sahne unterrühren und die Mischung in den „Espuma"-Spender füllen. 1 Druckluftkapsel einschrauben und die Flasche kräftig schütteln.
8 Den „Espuma"-Spender in den Kühlschrank stellen und auf etwa 4 °C kühlen.

GRÜNER-SPARGEL-SALAT
1 Vom grünen Spargel nur das untere Drittel schälen und die holzigen Enden abschneiden.
2 Ausreichend Salzwasser (10 g/Liter) mit Zucker und Zitronensaft zum Kochen bringen und den Spargel in knapp 10 Minuten al dente gar kochen.
3 Spargelstangen abtropfen lassen und schräg in etwa 4 cm lange Stücke schneiden.
4 Die Salatblätter waschen, trocken schleudern und in mundgerechte Stücke teilen.
5 Kerbel waschen, trocknen und die Blättchen abzupfen.

ANMERKUNG
Erfunden hat die Herstellung von feinen Schäumen der spanische Starkoch Ferran Adriá. Er nennt das Ergebnis „espumas", was auf Spanisch „Schäume" heißt.
Die Herstellung raffinierter Frucht- und Gemüseschäume ist einfach, gelingt aber nur mithilfe des „Espuma"-Spender genannten Schaumspenders und Druckluft.

GRÜNER SPARGELSCHAUM
Nach dem oben beschriebenen Rezept lässt sich ebenso grüner Spargelschaum herstellen. Dafür 900 g grünen Spargel und 100 g blanchierten Blattspinat verwenden.

Fertigstellen und Anrichten
Den Blattsalat auf Teller verteilen. Den Schaumspender vor der Verwendung kräftig schütteln und mit dem Sprühkopf nach unten jeweils etwas Spargelschaum als Rosette in die Mitte der Teller schäumen. Die grünen Spargelstücke dekorativ ringsum verteilen und alles mit den Kerbelblättchen bestreuen.

Salatstrauss mit Garnelen und Noilly-Prat-Senfmayonnaise

Zutaten *Für 4 Personen*

Salatstrauss
1 rote Paprikaschote
Eichblattsalat
Radicchiosalat
2 Chicorée
2 EL Aceto balsamico
Salz, Pfeffer
1 TL Dijon-Senf
1 zerdrückte Knoblauchzehe
3 EL Olivenöl

Noilly-Prat-Senf-Mayonnaise
1 Ei
1 EL Dijon-Senf
2 EL Noilly Prat
1 Knoblauchzehe
Salz, Pfeffer
etwa 75 ml neutrales Pflanzenöl

Garnelen
12 große Garnelen
2 Knoblauchzehen
2 EL Olivenöl
Salz, Pfeffer

Zubereitung

Salatstrauss
1 Paprikaschote waschen, trocknen und den Boden und Deckel abschneiden. Samen und Scheidewände entfernen. Die so vorbereitete Paprikaschote quer in 4 gleich starke Ringe teilen.
2 Die Salate putzen, in einzelne Blätter teilen, waschen und trocken schleudern.
3 Alle restlichen Zutaten zu einer Vinaigrette verrühren und die Salatblätter darin wenden.
4 Aus den Salatblättern gleich große Sträußchen formen. Dafür innen mit dem Eichblattsalat beginnen. Den Radicchio darum herum anordnen. Außen mit den Chicoréeblättern abschließen. Jeden Strauß aufrecht in einen Paprikaring stecken. So bleibt der Salatstrauß beim Anrichten schön aufrecht und fällt nicht auseinander.

Noilly-Prat-Senf-Mayonnaise
1 Das Ei exakt 6 Minuten kochen, kalt abschrecken und pellen.
2 Ei, Senf, Noilly Prat und die gepresste Knoblauchzehe in den Mixer geben. Mit Salz und Pfeffer würzen.
3 Das Öl hinzufügen und alles im Mixer zu einer cremigen Mayonnaise verarbeiten.

Garnelen
1 Von den Garnelen den Kopf abdrehen und das Schwanzteil bis auf das letzte Segment mit der Schwanzflosse schälen. Die Garnelen über den Rücken mit einem Messer leicht einschneiden und den dunklen Darm entfernen. Dann die Garnelen längs teilen, sodass sie nur noch am Schwanzende verbunden bleiben.
2 Die Garnelenhälften etwas auseinanderklappen und mit der Hand vorsichtig flach drücken.
3 Knoblauch schälen und in feine Scheiben schneiden. In einer Pfanne das Olivenöl erhitzen und den Knoblauch darin einige Sekunden andünsten.
4 Die vorbereiteten Garnelen zufügen und im aromatisierten Öl von beiden Seiten insgesamt 1 Minute braten. Mit Salz und Pfeffer würzen.

Fertigstellen und Anrichten
Mit der Noilly-Prat-Senf-Mayonnaise ein schönes Muster auf die Teller ziehen. Die Salat-Sträußchen im Paprikaring daraufsetzen. Zum Abschluss die Garnelen neben dem Salatstrauß anrichten.

Fallot
MOUTARDIER À BEAUNE DEPUIS 1840

Kaviar-Fischmousse auf Safran-Spargelsalat

Zutaten *Für 4 Personen*

Kaviar-Fischmousse
150 g geräuchertes Forellenfilet
150 g geräuchertes Lachsfilet
150 g Crème fraîche
Salz, Pfeffer
100 g Lachskaviar
Dillspitzen

Spargelsalat
12 Stangen weißer Spargel
1 EL Butter
1 TL Zucker
Salz
½ g Safranfäden

Safran-Vinaigrette
3 EL weißer Aceto balsamico
½ g Safranfäden
1 TL Zucker
Salz, Pfeffer
1 TL Dijon-Senf
4 EL Traubenkernöl
oder neutrales Pflanzenöl

Anmerkung
Für alle Zubereitungen mit Safran nur Fäden aus einer sicheren Einkaufsquelle und niemals Safranpulver benutzen. In den meisten Fällen enthält fertig angebotenes Safranpulver nicht das, was Sie erwarten oder das Etikett verspricht.

Zubereitung

Kaviar-Fischmousse
1 Forellen- und Lachsfilet sowie die Crème fraîche 10 Minuten tiefkühlen.
2 Die Fischfilets jeweils separat mit der Hälfte der Crème fraîche in den Mixer geben, salzen, pfeffern und fein pürieren.
3 Die Masse durch ein Sieb streichen und das Forellen- und Lachsmousse getrennt im Kühlschrank aufbewahren.

Spargelsalat
1 Den Spargel schälen, die holzigen Enden abschneiden und die Stangen schräg in etwa 4 cm lange Stücke schneiden.
2 In einem Topf Wasser mit Butter, Zucker, Salz und Safranfäden aufkochen.
3 Die Spargelstücke ohne die Spargelspitzen darin etwa 4 Minuten kochen. Dann die Spargelspitzen zufügen und den Spargel weitere 6 Minuten kochen.
4 Alle Spargelstücke eiskalt abschrecken, abtropfen lassen und trocken tupfen.

Safran-Vinaigrette
1 Den Essig in einem Topf mit den Safranfäden erwärmen. Vom Herd nehmen und erkalten lassen.
2 Zucker und Salz unterrühren, bis sich die Kristalle aufgelöst haben. Pfeffer und Senf untermischen. Dann das Öl zufügen und alles zu einer Vinaigrette verrühren.

Fertigstellen und Anrichten
Jeweils ein Viertel der Lachsmousse in Vorspeisengläser füllen. Darauf eine Schicht Lachskaviar geben und mit der Forellenmousse abschließen. Die Fischmousse dann mit etwas Lachskaviar und Dillspitzen garnieren. Spargelstücke in der Safran-Vinaigrette wenden und die Kaviar-Fischmousse damit umlegen.

Schnell & einfach
Statt eine Mousse herzustellen, die Fischfilets in 1 cm große Würfel schneiden. Mit wenig Zitronensaft beträufeln und vorsichtig vermischen. In der Mitte des Spargelsalats anrichten.

BIANCO
WHITE BALSAMA
Bittersweet
AGRODOLCE
BALSAMA BLANC
Agre-doux
WEIßE BALSAMA
Süßsauer
4
TRAVASI
SAFINTER

Spargel in Bacon mit Tomaten-Concassée

Zutaten *Für 4 Personen*

Spargel

- 12 Stangen grüner Spargel
- 12 Scheiben Bacon
- 2 El Olivenöl
- 1 Glas trockener Weißwein

Tomaten-Concassée

- 3 Tomaten
- Basilikum
- 2 EL Pinienkerne
- Olivenöl
- Aceto Balsamico
- Pfeffer
- grobes Meersalz

Zubereitung

Spargel

1 Vom Spargel das untere Drittel schälen und die holzigen Enden abschneiden.

2 Die Baconscheiben flach auf einer Arbeitsfläche ausbreiten. Eine Spargelstange leicht schräg auflegen und spiralförmig in den Bacon einrollen.

3 Das Olivenöl in einer großen, beschichteten Pfanne erhitzen. Den Spargel im Baconmantel nebeneinander liegend mit ausreichendem Abstand bei mittlerer Hitze anbraten. Sobald eine Seite schön knusprig ist, den Spargel vorsichtig in Wickelrichtung des Bacons weiterdrehen. In etwa 3 bis 4 Minuten sollte er von allen Seiten schön kross angebraten sein.

4 Dann den Weißwein zugießen. Den Deckel so auflegen, dass der Dampf gut entweichen kann. Den Spargel bei mittlerer Hitze etwa 3 Minuten kochen lassen, bis der Wein nahezu verdampft ist.

Tomaten-Concassée

1 Die Tomaten von den Stielansätzen befreien und auf der gegenüberliegenden Seite mit einem Messer kreuzweise einritzen.

2 Tomaten einzeln 10 Sekunden in kochendes Wasser tauchen, häuten, vierteln und entkernen.

3 Das Tomatenfruchtfleisch in kleine Würfel schneiden und in einem Sieb abtropfen lassen.

4 Basilikum waschen, die Blättchen abzupfen und vorsichtig trocken tupfen.

5 Pinienkerne in einer beschichteten Pfanne ohne Fett leicht braun rösten.

Fertigstellen und Anrichten

Jeweils 3 Stangen Spargel im Bacon-Mantel auf Vorspeisenteller legen. Links und rechts des Spargels jeweils ein Häufchen Tomatenwürfel anrichten und mit schwarzem Pfeffer aus der Mühle und grobem Meersalz würzen. Das Tomaten-Concassée mit ein wenig Olivenöl und gereiftem Aceto Balsamico beträufeln. Mit Basilikumblättchen und gerösteten Pinienkernen garniert servieren.

Pochierte Eier auf Gemüse-Julienne mit buntem Blattsalat

Zutaten *Für 4 Personen*

Blattsalat

bunte gemischte Salatblätter der Saison, etwa junger Spinat, Rote-Bete-Blättchen, Eichblattsalat, Friséesalat oder Lollo Rosso
½ TL Zucker
Salz, Pfeffer
1 EL Zitronensaft
1 Knoblauchzehe
3 EL Walnussöl

Möhren-Zucchini-Julienne

1 große Möhre
1 Zucchini
Salz, Pfeffer

Pochierte Eier

4 frische Eier
2 EL Essig

Anmerkung

Es ist wichtig, dass die Eier absolut frisch sind. Nur dann hält das Eiweiß den Dotter bei dieser besonderen Zubereitungsart fest umschlossen und fällt nicht auseinander.

Zubereitung

Blattsalat

1 Die Salatblätter verlesen, waschen und sorgfältig trocken schleudern. Große Blätter in mundgerechte Stücke zupfen.
2 Zucker, Salz und Pfeffer mit dem Zitronensaft verrühren.
3 Die Knoblauchzehe abziehen und durch die Presse drücken. Dann das Walnussöl zufügen und alles zu einer Vinaigrette verrühren.

Möhren-Zucchini-Julienne

1 Die Möhre schälen und mit einem Messer oder der Aufschnittmaschine längs in dünne Scheiben schneiden. Die Möhrenscheiben erst in feine Streifen, dann in etwa 5 cm lange Stifte schneiden.
2 Von den Zucchini die Enden abschneiden. Zucchini senkrecht stellen und auf allen vier Seiten eine 3 bis 4 mm dünne Scheibe abschneiden. Den inneren Teil mit den wässrigen Kernen wegwerfen. Die Zucchinischeiben ebenfalls erst längs in Streifen, dann in etwa 5 cm lange Stifte schneiden.
3 Die Möhrenstifte in einen Dämpfeinsatz geben und al dente garen. Kurz vor Ende der Garzeit die Zucchinistifte zufügen und noch 1 Minute mitdämpfen.
4 Die Gemüse-Julienne sofort eiskalt abschrecken und sehr gut abtropfen lassen.

Pochierte Eier

1 Die Eier 2 Stunden vor der Zubereitung aus dem Kühlschrank nehmen.
2 In einer Kasserolle 1 l ungesalzenes Wasser mit 2 EL Essig nur leicht simmern, aber nicht kochen lassen.
3 Ein Ei in eine Tasse aufschlagen. Eine Schöpfkelle in das simmernde Wasser tauchen und das Ei aus der Tasse vorsichtig in die Schöpfkelle gleiten lassen. Das Ei, sobald es ein wenig fest wird, in die Pochierflüssigkeit gleiten lassen und die Schöpfkelle herausnehmen.
4 Das Ei insgesamt 3 ½ Minuten pochieren, dann mit dem Schaumlöffel herausheben.
5 Die pochierten Eier in einer zweiten Kasserolle in lauwarmem Wasser warm halten.
6 Vor dem Anrichten lose Eiweißfäden abschneiden und die pochierten Eier auf einem mehrfach gefalteten Küchentuch abtropfen lassen.

Fertigstellen und Anrichten

Die Salatblätter mit der Vinaigrette vermischen und auf Tellern anrichten. Die Gemüse-Julienne wie ein Nest mittig auf das Salatbett setzen und leicht mit Salz und Pfeffer würzen. Zum Schluss jeweils 1 pochiertes Ei in die Mitte legen.

Schnell & einfach

Statt der pochierten Eier in einer Rundform gebratene Spiegeleier oder gekochte, aufgeschnittene Wachteleier verwenden.

Warmer Artischockensalat mit Agrimetto-Vinaigrette und Garnelenspiessen

Zutaten *Für 4 Personen*

Artischocken
12 kleine runde Artischocken
1 Zitrone

Vinaigrette
3 EL Agrimetto (Zitronen-Olivenöl-mischung)
Salz
Pfeffer
2 Knoblauchzehen
1 Bund glatte Petersilie

Garnelenspiesse
12 Riesengarnelen
Mehl
1 Ei
Holzspieße
Olivenöl

Anmerkung
Agrimetto ist eine italienische Spezialität. Die „frantoiano" (Ölmüller) vermahlen dafür nach uralten Rezepten vor dem Pressen Oliven zum Zeitpunkt ihres idealen Reifegrades mit unbehandelten Zitronen. Aromatischer Olivenduft mischt sich dabei innig mit den ätherischen Ölen der Zitrusfrüchte. Agrimetto verfeinert mit seinem intensiv fruchtigen Geschmack auf besondere Weise Salate, gegrilltes und gedünstetes Gemüse, Pasta, Risotti und Fischgerichte.

Zubereitung

Artischocken
1 Etwa ein Drittel der harten äußeren Artischockenblätter entfernen. Dicke fleischige Stiele an der Artischocke belassen und wie Spargel schälen. Dünne und holzige Stiele aus dem Boden herausbrechen. Von den restlichen Blättern den harten oberen Teil abschneiden. Die Böden schälen und mit dem Schälmesser glätten.
2 Artischocken längs halbieren und mit einem Teelöffel das Heu entfernen. Alle Artischockenhälften nochmals teilen und sofort in Zitronenwasser legen, damit sie sich nicht verfärben.
3 Sobald alle Artischockenviertel vorbereitet sind, das Zitronenwasser abgießen. Im Dämpfeinsatz eines Topfes oder im Dampfgarer die Artischocken in Wasserdampf knapp al dente garen.

Vinaigrette
1 Agrimetto mit Salz und Pfeffer verrühren, bis sich die Salzkristalle aufgelöst haben. Den Knoblauch abziehen, fein hacken und untermischen. Alles zu einer Vinaigrette verrühren.
2 Petersilie waschen, trocknen und die gezupften Blättchen fein hacken.

Garnelenspiesse
1 Von den Garnelen den Kopf abdrehen. Das Schwanzteil schälen und vom Rücken den dunklen Darm entfernen. Garnelenschwänze waschen und trocken tupfen.
2 Mehl in einen tiefen Teller geben. Das Ei in einem zweiten tiefen Teller verquirlen. Die Garnelen erst in Mehl wälzen, das überschüssige Mehl abklopfen, dann in verquirltem Ei wenden.
3 Garnelen auf Holzspieße stecken und in reichlich heißem Olivenöl in einer Pfanne etwa 2 Minuten ausbacken.

Fertigstellen und Anrichten
Artischocken gut mit der Vinaigrette mischen. Den Artischockensalat auf Teller verteilen und mit Petersilie bestreuen. Jeweils einen Garnelenspieß dazu anrichten.

Kaviar-Räucherlachs-Tatar auf Bohnen-Bleichsellerie-Salat

Zutaten *Für 4 Personen*

Kaviar-Räucherlachs-Tatar

250 g Räucherlachs
1 TL Dijon-Senf
1 EL Zitronensaft
Pfeffer
1 Stange junger Bleichsellerie
20 g Forellenkaviar

Sellerie-Vinaigrette

1 EL Zitronensaft
Salz, Pfeffer
½ TL Zucker
2 Knoblauchzehen
3 EL Olivenöl
2 Stangen junger Bleichsellerie

Bohnen

150 g getrocknete weiße Bohnen
½ Zwiebel
3 Knoblauchzehen
5 Salbeiblätter
Salz

Außerdem

2 EL Crème fraîche
etwa 30 g Forellenkaviar
etwas Selleriegrün

Zubereitung

Kaviar-Räucherlachs-Tatar

1 Räucherlachs erst in kleine Würfel schneiden, dann mit dem Messer hacken.

2 Das Lachstatar mit Dijon-Senf, Zitronensaft und Pfeffer würzen. Kein Salz verwenden, da Räucherlachs schon gesalzen ist.

3 Vom Bleichsellerie eine zarte, helle Stange verwenden. Die Stange waschen und die Fäden abziehen. Je nach Dicke die Selleriestange ein- oder zweimal längs teilen und quer in sehr feine Scheiben schneiden.

4 Die Selleriescheibchen und den Forellenkaviar unter das Lachstatar mischen.

Sellerie-Vinaigrette

1 Den Zitronensaft mit Salz, Pfeffer und Zucker verrühren. Knoblauch abziehen, durch die Presse drücken und zufügen. Dann mit Olivenöl zu einer Vinaigrette verrühren.

2 Bleichsellerie waschen und die Fäden abziehen. Die Selleriestangen in etwa 5 mm dünne Scheiben schneiden und unter die Vinaigrette heben.

Bohnen-Bleichsellerie-Salat

1 Die Bohnen über Nacht in reichlich kaltem Wasser einweichen.

2 Am nächsten Tag die Zwiebel und den Knoblauch schälen. Die Bohnen mit dem Einweichwasser, Salbeiblättern, der Zwiebel, den Knoblauchzehen und Salz kalt aufsetzen.

3 Alles langsam zum Kochen bringen und einmal kurz aufkochen. Anschließend die Hitze reduzieren und die Bohnen zugedeckt bei etwa 90 °C in etwa 2 Stunden gar ziehen lassen. Die Bohnen dürfen beim Garprozess nie zu stark erhitzt werden. Sie werden sonst zäh und ledrig. Die Kochzeit lässt sich nicht genau vorhersagen. Deshalb zwischendurch ab und zu eine Garprobe machen.

4 Sobald die Bohnen gar sind, aber noch etwas Biss haben, abgießen und noch warm mit der Vinaigrette mischen.

Fertigstellen und Anrichten

Einen Vorspeisenring in die Tellermitte stellen. Das Räucherlachstatar einfüllen und schön rund formen. Auf die Oberfläche jeweils ½ Löffel Crème fraîche geben und alles mit einem Häubchen Forellenkaviar garnieren. Den Bohnen-Bleichsellerie-Salat ringsum verteilen und mit Sellerieblättchen garnieren.

Schnell & einfach

Ersatzweise 350 g feste weiße Bohnen aus dem Glas verwenden. Die Bohnen in ein Sieb geben, mit fließend kaltem Wasser abspülen und anschließend gut trocknen lassen.

Garnelen auf Artischocken-Orangen-Salat

Zutaten *Für 4 Personen*

Artischocken-Orangen-Salat

8 Artischocken
2 Zitronen
Olivenöl
100 ml Geflügelfond
1 Knoblauchzehe
Salz, Pfeffer
gemischte Salatblätter wie Feldsalat, Spinat, Rucola oder die feinen weißen Innenblätter eines Friséesalates (krause Endivie)

Orangen-Emulsion

3 Orangen
1 Ei
2 TL Dijon-Senf
½ TL Tomatenmark
3 TL Bitterorangenmarmelade
1 EL Zitronensaft
100 ml neutrales Pflanzenöl
1 Prise Ingwerpulver
1 TL Zucker
Salz, Pfeffer

Garnelen

8 große Garnelen oder Scampi (deutsch Kaisergranat, franz. Langustinen)
4–5 EL Olivenöl
1 Knoblauchzehe
1 EL Zitronensaft
Salz, Pfeffer

Zubereitung

Artischocken-Orangen-Salat

1 Die äußeren harten Artischockenblätter entfernen. Feste, fleischige Stiele wie Spargel schälen, dünne Stiele ausbrechen. Die Artischockenböden mit dem Messer schälen und glätten. Vom oberen Teil der Blätter wenigstens die Hälfte abschneiden. Die Artischocken halbieren und mit einem kleinen Löffel das Heu entfernen. Bis zur Weiterverarbeitung in Zitronenwasser legen, damit sie sich nicht verfärben.
2 Artischockenhälften längs in 2 mm dünne Scheiben schneiden.
3 In einer Pfanne Olivenöl erhitzen und die Artischockenscheiben darin knusprig anbraten. Alles mit Geflügelfond ablöschen und eine gepresste Knoblauchzehe zufügen. Die Artischocken bei geringer Hitze fertig garen. Sie sollen knapp al dente sein und möglichst viel Biss haben.
4 Artischocken salzen, pfeffern und bis zum Anrichten lauwarm halten.

Orangen-Emulsion

1 Eine Orange 15 Sekunden in kochendes Wasser tauchen, herausnehmen und sorgfältig trocknen. Mit dem Zestenreißer oder einem scharfen Messer feine Streifen von der Schale abziehen und für die Garnitur beiseitestellen.
2 Die Orangen filetieren. Dafür von den Orangen oben und unten eine Kappe abschneiden. Dann die Schale mit der weißen Innenhaut großzügig abschälen. Dabei ist es wichtig, die bittere weiße Unterhaut und die Membranhaut vollständig zu entfernen. Anschließend die Orangenfilets einzeln mit dem Messer aus den Trennhäuten lösen. Die ausgelösten Orangenfilets auf einem Sieb gut abtropfen lassen und für das Anrichten beiseitestellen.
3 Den aufgefangenen Orangensaft erhitzen und auf 2 EL reduzieren.
4 Das Ei exakt 6 Minuten kochen, gut abschrecken und pellen. Ei, reduzierten Orangensaft, Dijon-Senf, Tomatenmark, Bitterorangenmarmelade und Zitronensaft in einen Mixer geben. Fein pürieren und dabei so viel Öl hinzufügen, bis die Sauce eine leicht cremige Konsistenz hat.
5 Die Orangenemulsion mit Ingwer, Zucker, Salz und Pfeffer abschmecken.

Garnelen

1 Die Garnelen aus der Schale lösen. Dabei den über den Rücken verlaufenden Darm entfernen.
2 In einer Pfanne 1 bis 2 EL Olivenöl erhitzen und die Garnelen darin je nach Größe 1 bis 2 Minuten braten. Aus der Pfanne nehmen und etwas abkühlen lassen.
3 Knoblauch abziehen, pressen und mit 3 EL Olivenöl, Zitronensaft, Salz und Pfeffer zu einer Marinade verrühren. Die noch warmen Garnelenschwänze darin wenden.

Fertigstellen und Anrichten

Die Salatblätter waschen, trocken schleudern und in mundgerechte Stücke teilen. Dekorativ auf Tellern anrichten. Die lauwarmen Artischockenscheibchen sowie die Orangenfilets darauf verteilen. Garnelen in die Mitte setzen und mit der Orangenemulsion überziehen. Mit feinen Streifen Orangenzeste garnieren.

Edmond
MOUTARDIER À BEAUNE DEPUIS

Hummer auf Mango-Paprika-Salat mit Aioli

Zutaten *Für 4 Personen*

Hummer
1 bis 2 lebende Hummer
Salz

Mango-Paprika-Salat
1 Mango
1 kleine rote Paprikaschote
etwas Feldsalat
1 EL rosa Pfefferkörner

Aioli
4 Knoblauchzehen
1 Eigelb
1 Prise Salz
70 ml Olivenöl
70 ml neutrales Pflanzenöl
1 El Zitronensaft

Vinaigrette
1 El Zitronensaft
2 EL Aceto balsamico bianco
1 TL Dijon-Senf
1 TL Zucker
Salz, Pfeffer
3 EL Traubenkernöl
1 EL Crème fraîche

Zubereitung

Hummer
1 Hummer unter fließendem kaltem Wasser abspülen. Dann einzeln kopfüber in 4 l sprudelnd kochendes Wasser geben und 1 Minute kochen. Anschließend den Topf vom Herd nehmen und die Hummer im heißen Wasser 12 Minuten ziehen lassen. Danach kalt abschrecken.
2 Das Schwanzteil vom Brustpanzer trennen und das Hummerfleisch aus der Schale lösen. Den über den Rücken des Schwanzteils verlaufenden Darm entfernen und das Hummerfleisch quer in Scheiben schneiden. Die Hummerscheren abdrehen, mit einem Messerrücken aufklopfen und das Scherenfleisch auslösen.

Mango-Paprika-Salat
1 Mango schälen, den Stein entfernen und das Fruchtfleisch in etwa 1 cm große Würfel schneiden.
2 Die Paprikaschote halbieren, Stielansatz, Samen sowie Scheidewände entfernen. Das Fruchtfleisch erst in 1 cm breite Streifen, dann schräg in Rauten schneiden.
3 Den Feldsalat putzen, sorgfältig waschen und trocken schleudern.

Aioli
1 Die Knoblauchzehen abziehen, durch die Presse drücken und mit dem zimmerwarmen Eigelb und Salz in einer Schüssel cremig schlagen.
2 Beide Sorten Öl mischen. (Mit Olivenöl allein schmeckt eine Aioli zu streng.) Das Öl unter kräftigem Schlagen mit dem Schneebesen erst tropfenweise, dann in dünnem Strahl ins cremige Eigelb gießen.
3 Zum Schluss die Aioli mit Zitronensaft abschmecken. Sie soll eine cremige Konsistenz haben.

Vinaigrette
1 In einer kleinen Schüssel den Zitronensaft mit dem Essig, Senf, Zucker, Salz und Pfeffer verrühren.
2 Dann das Traubenkernöl und die Crème fraîche zufügen und zu einer leicht emulgierenden Sauce aufschlagen.

Anmerkung
Hummer (franz. homard, ital. astice, span. bogavante) sollte nur lebend gekauft werden. Sobald er tot ist, entwickeln sich schnell giftige Stoffe. Beim Einkauf die Tiere auswählen, die sich noch gut bewegen. In ein feuchtes Tuch eingeschlagen, darf Hummer 1 Tag im Kühlschrank lagern. Die Kälte macht ihm dabei nichts aus. Das ist er aus seinem natürlichen Lebensraum gewohnt.

Fertigstellen und Anrichten
Den Feldsalat auf Tellern oder in Schalen anrichten und mit etwas Vinaigrette beträufeln. Das Hummerfleisch mit den Scheren dazu anordnen. Mangowürfel und Paprikarauten mischen und neben dem Hummerfleisch verteilen. Alles mit rosa Pfeffer bestreuen und dazu die Aioli reichen.

Schnell & einfach
Hummer durch Riesengarnelen oder Flusskrebse aus dem Glas ersetzen. Die handwerklich etwas aufwendig herzustellende Aioli weglassen und alles nur mit der Vinaigrette beträufeln.

Rocca
di Vignola
Dressing
AUS WEISSWEINESSIG
UND TRAUBENMOST
INHALT: 0,5 LITER e
AGRICULTURE
BIOLOGIQUE

Königskrabben auf Avocado-Orangen-Salat

Zutaten *Für 4 Personen*

Avocado-Orangen-Salat
Feldsalat
2 Avocados
2 Orangen

Orangensauce
1 Knoblauchzehe
2 EL neutrales Pflanzenöl
2 EL Crème fraîche
2 EL Bitterorangenmarmelade
1 TL Dijon-Senf
1 TL Zucker
Salz, Pfeffer

Königskrabben
240 g Königskrabbenfleisch aus dem Glas

Anmerkung
Königskrabben, Kamtschatkakrabben, oder King Crab (Paralithodes camtschatica) sind riesige, äußerst wohlschmeckende Tiefseekrabben. Sie werden nördlich des Polarkreises im Nordpazifik, vor Alaska oder in der Beringsee gefangen. Ihr Fanggewicht beträgt etwa 6 kg. Lebend können die großen Tiere nur über kurze Strecken transportiert werden. Deshalb werden Königskrabben sofort im Fanggebiet verarbeitet. Auch durch seine frische Zubereitung direkt nach dem Fang ist das Krabbenfleisch als Konserve oder tiefgefroren eine mit Hummer und Languste vergleichbare Delikatesse.

Zubereitung

Avocado-Orangen-Salat
1 Den Feldsalat putzen, gründlich waschen und trocken schleudern.
2 Die Avocados halbieren und den Kern entfernen. Avocadohälften schälen und quer in dünne Scheiben schneiden.
3 Die Orangen filetieren. Dafür von den Orangen erst mit einem Messer oben und unten eine Kappe abschneiden. Dann die Schale mit der weißen Innenhaut großzügig abschälen. Dabei ist es wichtig, die bittere weiße Unterhaut und die Membranhaut vollständig zu entfernen. Anschließend die einzelnen Orangenfilets mit dem Messer aus den Trennhäuten lösen.
4 Die ausgelösten Orangenfilets auf einem Sieb gut abtropfen lassen.

Orangensauce
1 Den Knoblauch abziehen und durch die Presse drücken. Das Öl mit der Crème fraîche, Bitterorangenmarmelade, Senf, Zucker und dem Knoblauch zu einer Sauce verrühren.
2 Die Orangensauce mit Salz und Pfeffer abschmecken.

Königskrabben
1 Das Krabbenfleisch in einem Sieb gut abtropfen lassen.
2 Anschließend das Fleisch grob zerpflücken und dabei sorgfältig die kleinen Chitinstreifen entfernen.

Fertigstellen und Anrichten

Zuerst den Feldsalat auf großen Tellern verteilen. Darauf die Avocadoscheiben und Orangenfilets kreisförmig anordnen. Das Krabbenfleisch in die Mitte setzen und alles mit der Orangensauce überziehen.

Bohnen-Bleichsellerie-Salat mit Thunfisch

Zutaten *Für 4 Personen*

Bohnen-Bleichsellerie-Salat

200 g getrocknete, große weiße Bohnen (ergeben 400 g gekochte Bohnen)
2 Salbeiblätter
½ Zwiebel
3 Stangen junger Bleichsellerie

Vinaigrette

2 Knoblauchzehen
1 EL Zitronensaft
1 TL Zucker
Salz, Pfeffer
3 EL Olivenöl

Thunfisch

150 g Thunfischfilet
1 EL Olivenöl
Salz, Pfeffer

Zubereitung

Bohnen-Bleichsellerie-Salat

1 Die Bohnen über Nacht in reichlich kaltem Wasser einweichen.
2 Am nächsten Tag mit dem Einweichwasser, Salbeiblättern und der Zwiebel kalt aufsetzen. Langsam zum Kochen bringen und einmal kurz aufkochen.
3 Anschließend die Hitze reduzieren und die Bohnen zugedeckt in etwa 2 Stunden bei 90 °C gar ziehen lassen. Bohnen dürfen nicht zu stark erhitzt werden, sonst werden sie zäh und ledrig. Gegen Ende der Garzeit gelegentlich eine Garprobe machen, da die Kochzeit der Bohnen stark variieren kann.
4 Bleichsellerie waschen und die Fäden abziehen. Die Selleriestangen quer in dünne Scheiben schneiden.
5 Einige der inneren zarten Blättchen für die Garnitur aufbewahren.

Vinaigrette

1 Den Knoblauch abziehen, durch die Presse drücken und mit Zitronensaft, Zucker, Salz und Pfeffer mischen.
2 Dann das Olivenöl zufügen und alles zu einer Vinaigrette verrühren.

Thunfisch

1 Das Thunfischfilet in etwa 2 cm große Würfel schneiden.
2 In einer Pfanne das Olivenöl erhitzen und die Thunfischwürfel darin ½ Minute von allen Seiten anbraten.
3 Thunfischwürfel sofort aus der Pfanne nehmen und mit Salz und Pfeffer würzen.

Zubereitung

Fertigstellen und Anrichten

Die Bohnen abgießen, kurz abtropfen lassen und noch warm mit dem Bleichsellerie und der Vinaigrette vermischen.
Zum Schluss die Thunfischwürfel unter den Salat heben, alles mit Sellerieblättchen bestreuen und servieren.

Schnell & einfach

Das Kochen der Bohnen erfordert etwas Geduld. Die Zubereitungszeit lässt sich durch Verwendung fertiger, großer weißer Bohnen aus dem Glas deutlich verkürzen und vereinfachen. Dabei ist es wichtig, Bohnen aus Konserven oder aus dem Glas unter fließendem kaltem Wasser sorgfältig zu waschen und gut abtropfen zu lassen. Frischer Thunfisch kann durch erstklassigen weißen Thunfisch aus dem Glas ersetzt werden. Jedoch möglichst keinen üblichen Dosen-Thunfisch verwenden.

Warmer Sepia-Gemüse-Salat mit Safran-Vinaigrette

Zutaten *Für 4 Personen*

Sepia
- 2 Sepien
- 2 TL Salz
- 1 Zweig Rosmarin
- 1 Lorbeerblatt
- 2 Knoblauchzehen

Gemüse
- 3 reife Tomaten
- 3 mittelgroße, festkochende Kartoffeln
- 1 Möhre

Safran-Vinaigrette
- ½ g Safranfäden
- 2 EL Zitronensaft
- 1 TL Zucker
- 3 EL Olivenöl
- Salz, Pfeffer

Außerdem
- Basilikumblättchen
- Crema di Balsamico

Anmerkung
Sepia wird meist ausgenommen und gehäutet mit makellos weißem Fleisch angeboten. Sollten die Sepien aber noch den kleinen schwarzen Tintenbeutel enthalten, lässt sich die Tinte für die Herstellung von schwarzer Pasta, Risotto nero oder schwarzer Paella nutzen. Zur Gewinnung der Farbe die Tintenbeutel in ein kleines Sieb geben. Das Sieb auf einen Teller in 3 EL Wasser oder Weißwein setzen. Den Tintenbeutel im Sieb mit einem Holzlöffel kräftig durcharbeiten, bis die Flüssigkeit für die Weiterverarbeitung tiefschwarz ist. Sepia lässt sich gut kochen, aber auch schmoren oder braten. Tiefgefroren ist Sepia besser als frisch, das Fleisch ist dann zarter. Aus demselben Grund sind kleinere Exemplare empfehlenswerter als große Tiere. Die Garzeit kann ziemlich lang sein. Das Kochen in Salzwasser (10 g/Liter) dauert etwa 45 Minuten. Gegen Ende der Garzeit durch Einstechen immer prüfen, ob das Fleisch wirklich zart ist.

Zubereitung

Sepia-Gemüse-Salat
1 Jede Sepia gründlich waschen und den Kopf mit den Fangarmen vom Körper trennen. Den Kopf hinter den Fangarmen abschneiden. Aus der Mitte der Fangarme den Schnabel herausdrücken. Kopf und Schnabel wegwerfen. Die Fangarme unter fließendem Wasser kräftig abreiben, um die winzigen Chitinplättchen der Saugnäpfe abzustreifen. Dann den Chitinschild aus dem Körper entfernen und ebenfalls wegwerfen.
2 Für den Kochsud in einem Topf 2 l Wasser mit Salz, Rosmarin, Lorbeerblatt und 2 gepellten, grob zerdrückten Knoblauchzehen aufkochen. Die Sepien hineinlegen und 45 Minuten im Sud gar kochen.

Gemüse
1 Die Tomaten vom Stielansatz befreien und auf der gegenüberliegenden Seite kreuzweise einritzen. Tomaten einzeln 10 Sekunden in kochendes Wasser tauchen. Anschließend häuten, vierteln und entkernen. Die Tomatenviertel quer in dünne Streifen schneiden. In einem Sieb gut abtropfen lassen und beiseitestellen.
2 Kartoffeln schälen und längs vierteln. 15 Minuten vor Ende der Kochzeit zum Sepia in den Kochsud geben und mitgaren.
3 Die Möhre schälen und in feine Scheiben hobeln. 5 Minuten vor Ende der Kochzeit ebenfalls zum Sepia in den Kochsud geben und mitgaren. So werden Sepia und Gemüse gleichzeitig gar.
4 Nach insgesamt 45 Minuten Kochzeit eine Garprobe machen. Die Sepien sollten jetzt weich und das Gemüse al dente sein.
5 Sepia und Gemüse abgießen und in einem Sieb gut abtropfen lassen. Dabei 2 EL Kochsud für die Vinaigrette auffangen.

Safran-Vinaigrette
1 Die Safranfäden 5 Minuten im aufgefangenen heißen Kochsud ziehen lassen.
2 Dann Zitronensaft, Zucker und Olivenöl zufügen. Alles zu einer Vinaigrette verrühren und mit Salz und Pfeffer würzen.

Fertigstellen und Anrichten
Die abgetropften Tintenfischkörper längs halbieren und quer in 1 cm breite Streifen schneiden. Fangarme, die noch zusammenhängen sollten, vereinzeln. Sepiastreifen und Fangarme mit den Kartoffeln, Möhren und Tomatenstreifen zur Vinaigrette geben und vorsichtig mischen. Den Sepia-Gemüse-Salat noch lauwarm auf Teller verteilen. Ein paar Tropfen Crema di Balsamico darüberträufeln und mit Basilikumblättchen garnieren.

Chicorée-Bleichsellerie-Salat mit Macadamianüssen und Stilton-Dressing

Zutaten *Für 4 Personen*

Chicorée-Bleichsellerie-Salat

3 Chicorée
2 Stangen junger Bleichsellerie
1 säuerlicher Apfel (Boskop)
Saft von ½ Zitrone
2 EL geröstete Macadamianüsse
1 Scheibe Toastbrot
1 EL Butter

Stilton-Dressing

70 g Stilton (englischer Blauschimmelkäse)
Saft von ½ Zitrone
1 TL Zucker
Salz, Pfeffer
3 EL Crème fraîche

Zubereitung

Chicorée-Bleichsellerie-Salat

1 Chicorée halbieren und den Strunk keilförmig herausschneiden. Den Chicorée in Blätter teilen, waschen, trocknen und quer in 2 cm lange Stücke schneiden.
2 Das zarte Selleriegrün abzupfen und für die Garnitur beiseitelegen. Bleichsellerie waschen und die Fäden abziehen. Die Stangen dann in etwa 5 mm dicke Scheiben schneiden.
3 Den Apfel schälen, vierteln und das Kerngehäuse entfernen. Das Fruchtfleisch in etwa 5 mm große Würfel schneiden. Die Apfelwürfel sofort in Zitronensaft wenden, damit sie sich nicht verfärben.
4 Macadamianüsse grob hacken.
5 Das Toastbrot entrinden und fein würfeln. In einer Pfanne die Butter zerlassen und die Brotwürfel darin schön kross braten. Die fertigen Croûtons kurz auf Küchenpapier entfetten.

Stilton-Dressing

1 Stilton und Zitronensaft in einer Schüssel mit der Gabel zu einer homogenen Creme verarbeiten. Mit Zucker, Salz und Pfeffer würzen.
2 Crème fraîche unterrühren und alles zu einem cremigen Dressing verarbeiten.

Fertigstellen und Anrichten

Chicorée-Bleichsellerie-Salat auf Teller verteilen und mit Stilton-Dressing überziehen. Gehackte Macadamianüsse und Croûtons darüberstreuen und mit Sellerieblättchen garnieren.

MOUSSES, SÜLZEN, TERRINEN & PASTETEN

Blumenkohlmousse-Terrine mit Forellenpüree auf Limettencreme

Zutaten *Für 4 Personen*

Blumenkohlmousse
- 1 kleiner fester Blumenkohl
- etwa 1 l Milch
- 10 Blatt Gelatine
- Salz, Pfeffer
- Muskatnuss
- 300 ml Sahne

Forellenpüree
- 200 g geräuchertes Forellenfilet
- Dill
- 10 Kapern
- 1 TL abgeriebene Schale von 1 Bio-Zitrone
- Salz, Pfeffer

Limettencreme
- 1 Schalotte
- 1 EL Butter
- 150 ml Geflügelfond
- 50 ml Weißwein
- 1 Bio-Limette
- 1 TL Zucker
- 150 g Crème double
- Salz, Pfeffer

Ausserdem
- 500 g fester Blattspinat
- 1 dreieckige Terrinenform von 600 ml Inhalt
- 1 Bio-Zitrone
- Blattsalate und Blüten der Saison

Zubereitung

Blumenkohlmousse
1 Den Blumenkohl in Röschen teilen. In einem Topf knapp mit Milch bedecken und in 25 Minuten weich kochen.
2 Die Blumenkohlröschen abgießen, abtropfen lassen und anschließend im Mixer pürieren. Davon 500 ml Blumenkohlpüree abmessen.
3 Blattgelatine 5 Minuten in kaltem Wasser einweichen. In einem kleinen Topf ganz wenig Milch erwärmen. Die gut ausgedrückte Gelatine darin auflösen und die Mischung unter die Blumenkohlmousse rühren. Die Mousse mit Salz, Pfeffer und Muskat würzen. Sahne steif schlagen, unter die Blumenkohlmousse heben und die Masse erkalten lassen.

Forellenpüree
1 Das Forellenfilet mit dem Messer fein hacken. Dill waschen, trocknen und fein schneiden. Dill, Kapern und die abgeriebene Zitronenschale unter das gehackte Forellenfilet mischen. Mit Salz und Pfeffer würzen.
2 Mithilfe von Klarsichtfolie das Forellenpüree zu einer Rolle formen. Sie muss der Länge der Terrinenform entsprechen. Die fertige Rolle in der Folie einfrieren.

Terrine
1 Zum Auskleiden der Terrinenform vom Spinat nur die schönen, grünen Blätter verwenden. Stiele und grobe Blattrippen entfernen. Den Spinat gut waschen, dann 3 Minuten in kochendem Salzwasser (10 g Salz/Liter) blanchieren. Sofort eiskalt abschrecken und gut abtropfen lassen. So behalten die Spinatblätter ihre Festigkeit und die schöne grüne Farbe.
2 Die Terrinenform erst mit Klarsichtfolie, dann mit den Spinatblättern überlappend auslegen. Bei der Klarsichtfolie einen Rand überstehen lassen, um die Form später damit zu verschließen.
3 Eine Hälfte der Blumenkohlmousse in die so vorbereitete Form füllen.
4 Die tiefgekühlte Forellenpüree-Rolle aus der Folie lösen und in die Mitte der Form auf die Blumenkohlmousse setzen. Dann mit Blumenkohlmousse auffüllen und die Oberfläche glatt streichen. Die Terrine mit den übrigen Spinatblättern bedecken.
5 Die Form mit Klarsichtfolie verschließen und über Nacht im Kühlschrank fest werden lassen.

Limettencreme
1 Die Schalotte schälen und fein hacken.
2 In einer Kasserolle Butter zerlassen und die Schalottenwürfel darin glasig dünsten. Geflügelfond und Weißwein zufügen und auf die Hälfte reduzieren.
3 Die Limette waschen, trocknen, die Schale abreiben und die Frucht auspressen. Limettensaft und geriebene Limettenschale sowie den Zucker unterrühren und 3 Minuten einkochen.
4 Crème double zufügen und nochmals sämig reduzieren. Die Limettencreme mit Salz und Pfeffer abschmecken.

Fertigstellen und Anrichten
Für die Garnitur mit einem Zestenreißer feine Schalenstreifen von der Zitrone abziehen. Salatblätter waschen und trocken schleudern. Limettencreme als Saucenspiegel auf Teller gießen. Die Terrine aus der Form stürzen. Von der Folie befreien und mit einem sehr scharfen Messer oder besser mit dem Elektromesser in 2 bis 3 cm dicke Scheiben schneiden. Die Terrine in die Tellermitte setzen. Mit Salatblättern umlegen und mit Zitronenzeste garnieren.

Flusskrebs-Tellersülze

Zutaten *Für 4 Personen*

Flusskrebse
20 frische Flusskrebse
je 1 Sträußchen Dill und Kerbel
Salz

Gemüse-Morchel-Einlage
junges Gemüse nach Marktangebot (etwa weißer und grüner Spargel, Romanesco, Zuckerschoten, Möhren, Kohlrabi, Blumenkohl, Erbsen oder Sellerie)
frische Morcheln
1 EL Butter
Salz, Pfeffer

Sülze
8 Blatt Gelatine
400 ml Fischfond
200 ml Weißwein
2 EL trockener Sherry
Meersalz, Pfeffer

Sahnesauce
4 EL Crème fraîche
1 EL Aceto balsamico bianco
Salz, Cayennepfeffer
1 EL Petersilienblättchen

Außerdem
1 kleines Bund glatte Petersilie

Anmerkung
Rohe Morcheln sind schwach giftig. Beim Einweichen und gründlichen Waschen mit kaltem Wasser verlieren sie bereits 75 % ihres Giftes. Das restliche Gift wird durch 5 Minuten Kochen in Wasser zerstört. Das Kochwasser unbedingt wegschütten. Statt frischer Morcheln sind auch getrocknete Morcheln möglich, die nach 6 Monaten Lagerung ungiftig sind. Auch Morcheln aus dem Glas sind völlig unbedenklich. Getrocknete Morcheln ½ Stunde in Wasser einweichen und das Einweichwasser (wie bei allen Pilzen) wegschütten. Die Morcheln gut abtropfen lassen und 3 Minuten in Butter dünsten.

Zubereitung

Flusskrebse
1 Die Flusskrebse mit Dill und Kerbel in sprudelnd kochendes Salzwasser (10 g/Liter) geben und in etwa 5 Minuten gar ziehen lassen.
2 Abgießen, abtropfen lassen und die Köpfe von den Schwanzteilen drehen. 4 Krebsnasen (Flusskrebsköpfe) für die Garnitur beiseitestellen. Die Krebsschwänze aus der Schale lösen. Vom Darm befreien, der als dunkler Strang über den Rücken des Schwanzteiles verläuft und kalt stellen.

Gemüse-Morchel-Einlage
1 Das Gemüse waschen, putzen oder schälen. In mundgerechte Stücke teilen und in einem Dämpfeinsatz über Wasserdampf al dente garen. Alternativ das Gemüse in kochendem Salz-Zucker-Wasser bissfest blanchieren und eiskalt abschrecken.
2 Die frischen Morcheln 5 Minuten in Wasser einweichen. Anschließend unter fließendem Wasser sehr gut waschen und die Pilze 5 Minuten in kochendem Wasser blanchieren. Dann abgießen und gut abtropfen lassen.
3 Morcheln dann in Butter 3 Minuten dünsten und zum Gemüse geben.
4 Alles mit Salz und Pfeffer würzen und erkalten lassen.

Sülze
1 Die Blattgelatine 5 Minuten in kaltem Wasser einweichen. In einem Topf Fischfond und Weißwein erwärmen und die gut ausgedrückte Gelatine darin auflösen.
2 Mit Sherry, Meersalz und Pfeffer würzen. Die Flüssigkeit im Kühlschrank erkalten lassen, bis sie leicht zu gelieren beginnt.

Sahnesauce
1 Crème fraîche glatt rühren und 3 EL gelierenden Fond untermischen.
2 Die Sauce mit Essig, Salz und Cayennepfeffer würzen und die Petersilienblättchen einrühren.

Fertigstellen und Anrichten
Petersilie waschen, trocknen und die Blättchen abzupfen. Das Gemüse mit den Petersilienblättchen und den Flusskrebsen vermischen und in tiefe Teller verteilen. Mit der leicht gelierenden Flüssigkeit auffüllen und die Tellersülze im Kühlschrank fest werden lassen. Vor dem Servieren etwas Sahnesauce auf jeden Teller geben und alles mit Petersilie garnieren.

Schnell & einfach
Statt frischer Flusskrebse für diese Tellersülze 300 g Flusskrebsschwänze aus dem Glas verwenden. Dafür die Flüssigkeit abgießen, die Krebsschwänze unter fließendem kaltem Wasser abspülen und sehr gut abtropfen lassen.

Hummersülze

Zutaten *Für 4 Personen*

Hummer
1 lebender Hummer

Hummerfond
2 Schalotten
1 Knoblauchzehe
1 Möhre
1 Stück Sellerie
1 Stück Lauch
2 EL Olivenöl
3 EL Cognac
100 ml Weißwein
400 ml Fischfond
frischer Thymian
1 Zweig Rosmarin
Pfeffer, Salz

Sülze
6 Blatt Gelatine
450 ml Hummerfond
2 EL trockener Sherry

Gemüseeinlage
1 Möhre
1 Stange Bleichsellerie
1 kleiner Fenchel mit Grün
Thymian
Salz, Pfeffer

Salatsauce
1 Schalotte
1 Knoblauchzehe
½ EL Butter
1 EL Honig
3 EL Aceto balsamico bianco
Thymian
Salz, Pfeffer
1 EL Dijon-Senf
3 EL Olivenöl

Ausserdem
1 Terrinenform
bunte Blattsalate der Saison
2 EL geröstete Pinienkerne
Thymianzweige

Zubereitung

Hummer
1 Den Hummer kopfüber in sprudelnd kochendes Wasser geben und 1 Minute kochen. Dann den Topf vom Herd nehmen und den Hummer 12 Minuten im heißen Wasser zugedeckt ziehen lassen. Anschließend unter fließendem Wasser gründlich abschrecken, bis der Hummer erkaltet ist.
2 Den Hummerschwanz vom Kopfteil trennen. Das Fleisch aus der Schale lösen und in gleichmäßige Stücke schneiden. Die Scheren mit dem Messerrücken aufklopfen und das Scherenfleisch auslösen.
3 Hummerfleisch bis zur weiteren Verwendung kühl stellen. Die Scheren und Karkassen für die Herstellung des Hummerfonds aufbewahren.

Hummerfond
1 Die Hummerkarkassen (Schalen, Scheren und Beine) zerkleinern. Schalotten, Knoblauch, Möhre und Sellerie schälen und grob würfeln. Lauch putzen, waschen und ebenfalls in Würfel schneiden.
2 Olivenöl in einem Topf erhitzen und die Hummerkarkassen darin kräftig anrösten. Dann das gewürfelte Röstgemüse zufügen und bei geringer Hitze 5 Minuten ohne zu bräunen dünsten.
3 Alles mit Cognac übergießen, flambieren und mit Weißwein ablöschen.
4 Den Fischfond zufügen und 45 Minuten kochen. 10 Minuten vor Ende der Garzeit den Fond mit Thymian, Rosmarin und Pfeffer würzen. Vorsichtig mit Salz abschmecken.
5 Hummerfond durch ein feines Sieb passieren und dabei alle Zutaten gut ausdrücken. 450 ml Fond für die Sülze abmessen, den Rest anderweitig verwenden.

Sülze
1 Blattgelatine 5 Minuten in kaltem Wasser einweichen. Den Hummerfond leicht erwärmen und die gut ausgedrückte Gelatine darin auflösen. Dann den Sherry zufügen.
2 Die Flüssigkeit im Kühlschrank erkalten lassen, bis sie leicht zu gelieren beginnt.

Gemüseeinlage
1 Die Möhre schälen und fein würfeln. Bleichsellerie waschen, die Fäden abziehen und die Stange je nach Dicke ein oder zweimal längs teilen. Dann quer in feine Scheiben schneiden. Vom Fenchel das Grün abschneiden, waschen, trocknen und beiseitelegen. Die äußeren Blätter entfernen. Den Strunk herausschneiden und wegwerfen. Fenchel in kleine Würfel schneiden.
2 Das Gemüse im Dämpfeinsatz eines Topfes (oder im Dampfgarer) über Wasserdampf al dente garen. Eiskalt abschrecken und sehr gut abtropfen lassen. Das Fenchelgrün fein hacken und mit dem Gemüse mischen. Mit Thymian, Salz und Pfeffer würzen.

Salatsauce
1 Schalotte und Knoblauch schälen und beides fein würfeln.
2 In einer Kasserolle die Butter zerlassen. Die Schalotten- und Knoblauchwürfel darin andünsten und mit Honig glasieren.
3 Alles mit Essig ablöschen. Vom Herd nehmen und mit Thymian, Salz und Pfeffer würzen. Zum Schluss den Senf und das Olivenöl unterrühren, bis eine leichte Emulsion entsteht.

Fertigstellen und Anrichten

Eine Terrinenform mit Klarsichtfolie auskleiden. Etwas gelierende Flüssigkeit hineingießen. Dann das Hummerfleisch und Gemüse gleichmäßig darauf verteilen. Beim weiteren Einfüllen der Zutaten immer wieder mit etwas flüssigem Gelee übergießen. Alles mit einer Schicht Gelee abschließen. Die Form mit Klarsichtfolie bedecken und die Sülze über Nacht im Kühlschrank erstarren lassen. Vor dem Servieren die Blattsalate waschen, trocken schleudern und in mundgerechte Stücke zupfen. Salatblätter in der Sauce wenden und auf Teller verteilen. Die Hummersülze vorsichtig aus der Form stürzen und mit einem scharfen Messer oder besser einem Elektromesser in etwa 2 cm dicke Scheiben schneiden. Hummersülze in der Mitte anrichten. Mit gerösteten Pinienkernen bestreuen und mit Thymianzweigen garnieren.

Schnell & einfach

Frischen Hummer durch Hummerfleisch aus der Dose oder durch erstklassiges Krabbenfleisch ersetzen. Statt aus selbst gekochtem Hummerfond die Sülze aus 400 ml fertigem Fischfond, vermischt mit 50 ml trockenem Weißwein, herstellen. Falls vorhanden, zusätzlich einen Löffel Hummer-Demiglace in den erwärmten Fischfond rühren.

Champignon-Flusskrebs-Terrine mit Champignonsauce auf Blattsalaten

Zutaten *Für 4 Personen*

Flusskrebse
20 frische Flusskrebse
Salz

Terrine
250 g Champignons
1 EL Butter
1 EL Olivenöl
einige große Römer- oder Kopfsalatblätter
1 Bund Petersilie
5 Eier
150 g Crème fraîche
Salz, Pfeffer

Champignonsauce
1 Schalotte
1 EL Butter
100 ml Weißwein
100 ml Geflügelfond
100 ml Crème fraîche
1 Knoblauchzehe
2 EL gehackte glatte Petersilie
Salz, Pfeffer

Außerdem
1 Terrinenform mit 500 ml Inhalt (Dreiecks- oder Dachrinnenform)
Blattsalate der Saison, etwa Feldsalat, Radicchio, Römer- oder Kopfsalat, die Blätter in mundgerechte Stücke zerteilt

Zubereitung

Flusskrebse
1 Die Flusskrebse kopfüber in sprudelnd kochendes Salzwasser (10 g/Liter) geben. Den Topf vom Herd nehmen und die Flusskrebse zugedeckt im heißen Wasser 5 Minuten pochieren.
2 Krebse kurz abtropfen lassen. Dann jeweils den Kopf vom Schwanzteil abdrehen. Die Schwänze auslösen und den über den Rücken verlaufenden Darm entfernen.

Terrine
1 Von den Champignons die Stiele abdrehen und für die Sauce beiseitestellen. Die Köpfe häuten und die dunklen Lamellen der Unterseite entfernen.
2 Butter und Öl in einer Pfanne erhitzen und die Champignons darin bei lebhafter Hitze anbraten. Dabei austretendes Wasser abgießen, auffangen und für die Sauce aufbewahren.
3 Von den Salatblättern die groben Blattrispen entfernen. Die Blätter einige Sekunden in heißem, aber nicht kochendem Wasser blanchieren. Sofort eiskalt abschrecken und trocken tupfen. So vorbereitet behalten sie ihre schöne grüne Farbe.
4 Eine Terrinenform mit Alufolie (glänzende Seite nach innen, matte Seite nach außen) auskleiden und die Form leicht überlappend mit den blanchierten Salatblättern auslegen. Dabei etwas nach außen überhängen lassen, um später den Terrinenboden zu bedecken.
5 Champignons mit den Flusskrebsschwänzen mischen und gleichmäßig in der Form verteilen.
6 Petersilie waschen, trocknen, die Blättchen abzupfen und fein hacken. Die gehackte Petersilie in einer Schüssel mit den Eiern und der Crème fraîche verrühren. Nur leicht aufschlagen und mit Salz und Pfeffer würzen. Die Mischung in die Terrinenform gießen.
7 Die Terrine mit den nach außen überhängenden Salatblättern bedecken und mit Alufolie verschließen.
8 Den Backofen auf 160 °C vorheizen. Den Boden eines großen Bräters oder die Fettpfanne mit kochendem Wasser füllen. Die Terrine hineinsetzen. Darin im vorgeheizten Ofen 45 Minuten garen.

Champignonsauce
1 Die beiseitegestellten Champignonstiele säubern, die Schalotte schälen und beides fein hacken. Butter in einer Pfanne zerlassen und die Schalotten- und Pilzwürfel darin 3 Minuten hell andünsten. Mit Weißwein und Geflügelfond ablöschen. Crème fraîche und die gepresste Knoblauchzehe zufügen. Mit dem Mixstab pürieren und die Flüssigkeit auf etwa 100 ml reduzieren.
2 Den beim Anbraten der Champignonköpfe ausgetretenen Saft hinzufügen. Je nach Menge des zugefügten Saftes noch einmal leicht reduzieren. Sauce durch ein feines Sieb passieren. Die gehackte Petersilie unterheben. Mit Salz und Pfeffer abschmecken und leicht warm halten.

Fertigstellen und Anrichten
Die Terrine lauwarm abkühlen lassen, stürzen und von der Folie befreien. In nicht zu dünne Scheiben schneiden und auf Teller setzen. Bunte Salatblättchen dekorativ darum anrichten. Mit etwas Champignonsauce umgießen.

Schnell & einfach
Statt frischer Flusskrebse ca. 300 g ausgelöste Flusskrebsschwänze aus dem Glas verwenden. Gute skandinavische Flusskrebse aus dem Glas sind der meist geschmacklosen frisch angebotenen Massenware aus dem Supermarkt (hauptsächlich galizische Sumpfkrebse chinesischer oder türkischer Züchtung) vorzuziehen.

Lammrücken-Wirsing-Pastete mit Maronenpüree und Johannisbeersauce

Zutaten *Für 4 Personen*

Lammrücken

500 g ausgelöster Lammrücken
1 Knoblauchzehe
2 EL Olivenöl
Thymian
Rosmarin
Salz, Pfeffer

Wirsing

1 Kopf Wirsing
Salz
1 Schalotte
2 Knoblauchzehen
1 EL Olivenöl
1 EL Butter
150 ml Crème fraîche
2 Eigelbe
Muskatnuss
Pfeffer

Maronenpüree

200 g Maronen (Esskastanien)
150 ml Milch
200 g Crème double
1 Prise Zucker
1–2 EL Portwein
Salz, Pfeffer

Johannisbeersauce

Zeste (feinste Schalen-Streifchen) von ½ Bio-Orange
1 Schalotte
1 EL Butter
1 TL frisch geriebener Ingwer
100 g rotes Johannisbeergelee
100 ml Portwein
Cayennepfeffer oder Piment d'Espelette
Salz
1 TL Dijon-Senf

Außerdem

1 Packung TK-Blätterteig
1 verquirltes Eigelb

Zubereitung

Lammrücken

1 Den ausgelösten Lammrücken sauber parieren. Das heißt, sorgfältig von allem sichtbaren Fett, Häutchen und Sehnen befreien.
2 Knoblauch abziehen und in einer Pfanne Olivenöl erhitzen. Die Knoblauchzehe darin 1 Minute anbraten. Lammrücken zufügen und ringsum in 4 bis 5 Minuten rosa braten.
3 Lammrücken aus der Pfanne nehmen und auf einem Gitter abkühlen lassen. Mit Thymian, Rosmarin, Salz und Pfeffer würzen.

Wirsing

1 Äußere trockene Wirsingblätter entfernen und den Strunk kegelförmig herausschneiden. 6 große grüne Blätter für die Pastete beiseitelegen. Die übrigen Wirsingblätter ablösen und dicke Blattrispen herausschneiden.
2 Wirsingblätter in kochendem Salzwasser (10 g Salz/Liter) nicht zu weich kochen. Abgießen, eiskalt abschrecken und abtropfen lassen. Mit den Händen in kleinen Portionen so viel Wasser wie möglich herauspressen. Dann mit dem Messer grob hacken.
3 Schalotte würfeln, Knoblauch schälen und in Scheibchen schneiden. In der Olivenöl-Buttermischung glasig dünsten. Gehackten Wirsing sowie die Crème fraîche zufügen und alles dickflüssig einkochen.
4 Sobald der Wirsing abgekühlt ist, die Eigelbe untermischen. Mit Muskat, Salz und Pfeffer abschmecken.

Pastete

1 Aus den 6 großen Wirsingblättern die Blattrispen entfernen. Blätter in kochendem Salzwasser (10 g Salz/Liter) 4 Minuten blanchieren und dann eiskalt abschrecken.
2 Die Wirsingblätter leicht überlappend zu einem Rechteck auslegen und gleichmäßig mit der Wirsingmasse bestreichen. Lammrücken darauflegen und alles fest in die Wirsingblätter einrollen.
3 Blätterteig nach Packungsangabe auftauen und zu einem Rechteck ausrollen. Die Wirsingrolle daraufsetzen und in Blätterteig einschlagen. Die Ränder fest verschließen und überschüssigen Teig abschneiden. Restliche Teigstücke für dekorative Verzierungen der Pastete verwenden.
4 Die Pastete mit verquirltem Eigelb bestreichen. Teig-Verzierungen daraufsetzen und ebenfalls mit Eigelb einpinseln.
5 Auf ein mit Backpapier belegtes Blech setzen und im vorgeheizten Ofen bei 200 °C in 15 Minuten goldbraun backen.

Maronenpüree

1 Maronen mit einem kleinen scharfen Messer kreuzweise einschneiden. In einer feuerfesten Form mit 3 EL Wasser im vorgeheizten Backofen bei 200 °C 12 Minuten garen. Danach sofort schälen und dabei die innere braune Haut entfernen.
2 Maronen knapp mit Milch und Crème double bedecken und bei geringer Hitze in 10 Minuten weich kochen.
3 In den Mixer geben und sehr fein pürieren. Mit Zucker, Portwein, Salz und Pfeffer abschmecken.

Johannisbeersauce

1 Orangenzeste 1 Minute in kochendem Wasser blanchieren, abtropfen lassen und trocken tupfen.
2 Schalotte schälen, fein hacken und in Butter glasig dünsten. Orangenzeste, Ingwer, Johannisbeergelee und Portwein zufügen. Einmal aufkochen und mit Cayennepfeffer und Salz würzen.
3 Die Sauce vom Herd nehmen, den Senf unterrühren und warm stellen. Die Sauce darf jetzt nicht mehr kochen, damit der Senf nicht bitter wird.

Fertigstellen und Anrichten
Die Pastete in Scheiben schneiden, mit dem Maronenpüree auf vorgewärmten Tellern anrichten und mit der Johannisbeersauce umgießen.

Schnell & einfach
Für das Maronenpüree geschälte und vorgegarte Maronen erstklassiger Qualität verwenden. Bei der weiteren Zubereitung des Pürees dann jedoch die Milch reduzieren oder ganz weglassen.

Fertigstellen und Anrichten

Die Pastete in Scheiben schneiden, mit dem Maronenpüree auf vorgewärmten Tellern anrichten und mit der Johannisbeersauce umgießen.

Schnell & einfach

Für das Maronenpüree geschälte und vorgegarte Maronen erstklassiger Qualität verwenden. Bei der weiteren Zubereitung des Pürees dann jedoch die Milch reduzieren oder ganz weglassen.

NOILLY PRAT & Cie
DEPUIS
1813
Produit de France - Product of France
VIEILLI EN FÛTS DE CHÊNE
AGED IN OAK CASKS
•VERMOUTH•
-SERVIR FRAIS-SERVE CHILLED-
e 750ML
FRENCH DRY

Leipziger Allerlei mit Flusskrebsen

Zutaten *Für 4 Personen*

Flusskrebse

20 frische Flusskrebse
Salz
1 Sträußchen Dill
Milch

Krebssauce

2 Schalotten
1 Möhre
1 Stück Sellerie
2 EL Olivenöl
100 g Butter
1 TL Tomatenmark
2 EL Cognac
100 ml Weißwein
1 kleine Dose geschälte Tomaten, (400 g), etwa San Marzano
1 Lorbeerblatt
½ l Geflügelfond
etwas Thymian und Estragon
Pfeffer, Salz
200 ml Sahne

Gemüse

junges Gemüse nach Marktangebot, etwa weißer und grüner Spargel, Romanesco, Kaiserschoten, Möhren, Kohlrabi, Blumenkohl, Erbsen, Sellerie
200 g frische Morcheln
1 EL Butter
Salz, Pfeffer

Ausserdem

Kerbelblättchen

Zubereitung

Flusskrebse

1 Die Flusskrebse in sprudelnd kochendes Salzwasser (10 g/Liter) geben, den Dill zufügen und die Krebse darin 5 Minuten kochen. Anschließend abgießen, abtropfen lassen und den Kopf vom Schwanzteil abdrehen. Die Krebsschwänze über den Rücken mit der Küchenschere aufschneiden. Den dunklen Darm entfernen und das Fleisch auslösen.

2 Das Krebsfleisch mit Milch bedecken und kühl stellen. Die Krebskarkassen (Köpfe und Schalen) waschen, abtropfen lassen und bei 80 °C im Ofen 1 Stunde trocknen.

Krebssauce

1 Schalotten, Möhre und Sellerie schälen und grob würfeln. In einem Topf Olivenöl und Butter erhitzen. Die getrockneten Krebskarkassen und das grob gewürfelte Gemüse darin kurz anrösten.

2 Das Tomatenmark unterrühren. Mit Cognac übergießen, flambieren und mit Weißwein ablöschen. Die geschälten Tomaten grob hacken und dazugeben. Lorbeerblatt sowie Geflügelfond hinzufügen und alles bei geringer Hitze 25 Minuten köcheln.

3 Nach 20 Minuten Kochzeit mit Thymian, Estragon und Pfeffer würzen.

4 Krebssauce durch ein feines Sieb passieren, alles gut ausdrücken und mit Salz abschmecken. Im Topf erkalten lassen, dann im Kühlschrank vollständig abkühlen.

5 Die nach dem Erkalten an der Oberfläche fest gewordene Krebsbutter abheben und für das Gemüse beiseitestellen.

6 Krebssauce mit Sahne auffüllen, erneut erwärmen und bei mittlerer Hitze sämig reduzieren.

Gemüse

1 Gemüse waschen, putzen oder schälen und in mundgerechte Stücke teilen. In einem Siebeinsatz über Wasserdampf, im Dampfgarer oder in kochendem Salz-Zucker-Wasser bissfest blanchieren und sofort eiskalt abschrecken. Auf einem Küchentuch trocknen.

2 Die Morcheln 5 Minuten in Wasser legen, sehr gut waschen und anschließend 5 Minuten in Wasser kochen. Abgießen, abtropfen lassen und das Kochwasser wegschütten.

3 In einer Pfanne die Butter zerlassen und die Morcheln darin 5 Minuten dünsten. Die fertigen Pilze zum Gemüse geben und alles mit Salz und Pfeffer würzen.

Anmerkung

Ursprünglich war dieses Gericht aus Flusskrebsen und dem ersten jungen Gemüse ein typisches deutsches Frühjahrsessen. Durch die Vielfalt der rund ums Jahr zur Verfügung stehenden Gemüsearten ist es heute zu allen Jahreszeiten ein wundervolles Gericht. Erst durch die Industrialisierung des Geschmacks mutierte das köstliche Leipziger Allerlei zum Synonym für fades Dosengemüse, aus dem die Flusskrebse verschwunden sind.

Fertigstellen und Anrichten

Zwei Drittel der Krebsbutter erwärmen und das Gemüse mit den Morcheln darin schwenken. Die Krebssauce erneut aufkochen. Das letzte Drittel der kalten Krebsbutter mit dem Pürierstab untermontieren und mit Salz und Pfeffer abschmecken. Die Krebsschwänze erwärmen. Gemüse und Morcheln auf Teller verteilen, die Krebsschwänze daraufsetzen und alles mit der Krebssauce übergießen. Das Leipziger Allerlei mit Kerbelblättchen garnieren.

Schnell & einfach

Frische Flusskrebse lassen sich durch 300 g Flusskrebsschwänze aus dem Glas ersetzen. Diese in einem Sieb abtropfen lassen und vor dem Servieren in wenig Butter erwärmen. Die fehlenden Krebskarkassen bei der Sauce durch ein paar Löffel Hummer-Demiglace ersetzen. Hummer-Demiglace aber erst zum Schluss unter die passierte Sauce rühren.

FLUSSKREBS-GEFLÜGEL-BÄLLCHEN AUF KÜRBISPÜREE MIT ZITRONENGRAS-KÜRBIS-SAUCE

ZUTATEN *Für 4 Personen*

KÜRBISPÜREE

800 g Kürbis
Olivenöl
1 Knoblauchzehe
100 g Crème fraîche
1 TL Zucker
Chilipulver
1 TL frisch geriebener Ingwer
½ TL Currypulver
Saft von ½ Zitrone
Salz, Pfeffer

FLUSSKREBS-GEFLÜGEL-BÄLLCHEN

12 frische Flusskrebse
Salz
200 g Geflügelbrustfilet
250 ml Sahne
2 Knoblauchzehen
Pfeffer
Thymian
Chilipulver
2 EL Olivenöl
1 EL Butter

ZITRONENGRAS-KÜRBIS-SAUCE

1 Möhre, 1 Schalotte
200 g Kürbisfruchtfleisch
2 EL Butter
100 ml Weißwein
200 ml Geflügelfond
1 Lorbeerblatt
1 Knoblauchzehe
2 Stängel Zitronengras
½ Chilischote
100 g Crème fraîche
Saft von ½ Zitrone
1 TL Zucker
Salz, Pfeffer

AUSSERDEM

Thymian, glatte Petersilie

ZUBEREITUNG

KÜRBISPÜREE

1 Den Kürbis schälen, die Kerne entfernen und das Fruchtfleisch grob würfeln. 200 g Kürbisfleisch für die Sauce beiseitestellen. Das andere gewürfelte Fruchtfleisch in eine ofenfeste Form geben und mit Olivenöl beträufeln. Eine ungeschälte Knoblauchzehe mit der flachen Messerklinge grob zerdrücken und zufügen. Die Form mit Alufolie dicht verschließen. Das Kürbisfleisch im vorgeheizten Ofen bei 180 °C 1 Stunde garen.

2 Ein Sieb mit einem Passiertuch auslegen. Das Kürbisfleisch darin kräftig auspressen und dadurch auf die Hälfte seines ursprünglichen Volumens reduzieren.

3 Kürbisfleisch mit Crème fraîche im Mixer fein pürieren. Zucker, Chilipulver, Ingwer, Currypulver und Zitronensaft mit dem Schneebesen unter das Püree mischen. Mit Salz und Pfeffer abschmecken.

FLUSSKREBS-GEFLÜGEL-BÄLLCHEN

1 Flusskrebse in sprudelnd kochendes Salzwasser (10 g/Liter) geben. Neben dem Herd im geschlossenen Topf in 5 Minuten gar ziehen lassen. Dann herausnehmen und den Kopf vom Schwanzteil trennen. Die Krebsschwänze mit der Küchenschere über den Rücken aufschneiden und den dunklen Darm entfernen. Das Fleisch auslösen, in kleine Stücke schneiden und kühl stellen. 4 Flusskrebsköpfe waschen und für die Garnitur aufbewahren.

2 Das Geflügelbrustfilet von Haut und Fett befreien. In grobe Würfel schneiden und mit der Sahne 12 Minuten im Tiefkühlfach vorkühlen.

3 Knoblauch schälen und mit dem vorgekühlten Geflügelfleisch in den Mixer geben. Mit Salz, Pfeffer, Thymian und Chilipulver würzen. Alles fein pürieren und dabei so viel eiskalte Sahne zufügen, bis eine streichfähige Farce entsteht.

4 Das Krebsfleisch mit der Geflügelfarce mischen und aus der Masse mit nassen Händen Bällchen formen. In einer Pfanne Olivenöl und Butter erhitzen und die Flusskrebs-Geflügel-Bällchen darin ringsum bei geringer Hitze 6 Minuten braten, anschließend warm halten.

ZITRONENGRAS-KÜRBIS-SAUCE

1 Möhre und Schalotte schälen und beides fein würfeln. Das Kürbisfruchtfleisch in kleine Würfel schneiden.

2 In einem Topf die Butter zerlassen und die Möhrenwürfel darin hell andünsten. Kürbis- und Schalottenwürfel zufügen und mitdünsten. Weißwein, Geflügelfond, Lorbeerblatt und die gepresste Knoblauchzehe zufügen. Das Zitronengras in 2 cm lange Stücke schneiden, die Chilischote entkernen und fein hacken. Beides in die Sauce geben und 10 Minuten kochen.

3 Die Sauce mit dem Mixstab pürieren und durch ein feines Sieb passieren. Crème fraîche mit dem Schneebesen in die Sauce rühren und noch einmal aufkochen. Mit Zitronensaft, Zucker, Salz und Pfeffer abschmecken.

Fertigstellen und Anrichten

Das Kürbispüree in der Mitte vorgewärmter Teller anrichten. Flusskrebs-Geflügel-Bällchen darauf verteilen und etwas Zitronengras-Kürbis-Sauce angießen. Mit Krebsnasen, Thymian und Petersilienblättchen garnieren.

SCHNELL & EINFACH

Verwenden Sie 200 g Flusskrebsschwänze aus dem Glas. Diese in einem Sieb gut abtropfen lassen und wie im Rezept angegeben verwenden.

Flusskrebs-Biskuit auf buntem Gemüse mit Noilly-Prat-Sauce

Zutaten *Für 4 Personen*

Flusskrebs-Biskuit
300 g Flusskrebsschwänze
aus dem Glas oder
20 frische Flusskrebse
Salz
½ Möhre
½ Zucchini
½ Bund glatte Petersilie
3 Eier
90 g Mehl
20 g Speisestärke
15 g Butter, zerlassen
Pfeffer

Gemüse
2 Möhren
1 Stück Sellerie
1 Fenchelknolle
1 Lauchstange,
nur den hellen Teil
2 EL Olivenöl
30 g Butter
1 Zucchini
4 Lauchzwiebeln
Salz, Pfeffer

Noilly-Prat-Sauce
1 Schalotte
1 EL Butter
100 ml Weißwein
50 ml Noilly Prat
200 ml Geflügelfond
150 g Crème fraîche
Salz, Pfeffer

Ausserdem
4 kleine Gugelhupf-, Pudding- oder
Minikuchenformen
Butter für die Förmchen
Petersilienblättchen

Zubereitung

Flusskrebs-Biskuit
1 Flusskrebsschwänze aus dem Glas in einem Sieb abtropfen lassen und kühl stellen. Frische Flusskrebse in sprudelnd kochendes Salzwasser (10 g/Liter) geben. Dann im geschlossenen Topf neben dem Herd in 5 Minuten gar ziehen lassen. Abgießen und jeweils den Kopf abdrehen. Die Krebsschwänze über den Rücken mit der Küchenschere aufschneiden. Den dort verlaufenden Darm entfernen und das Fleisch auslösen.
2 Die Möhre schälen und sehr fein würfeln. Von der halben Zucchini das Ende abschneiden. Zucchini senkrecht stellen und auf allen vier Seiten eine 3 bis 4 mm dünne Scheibe abschneiden. Den inneren Teil mit den wässrigen Kernen wegwerfen. Die Zucchinischeiben ebenfalls in feine Würfelchen schneiden. Möhren- und Zucchiniwürfel nacheinander in kochendem Salzwasser bissfest blanchieren, sofort in eiskaltem Wasser abschrecken und gut abtropfen lassen.
3 Die Petersilie waschen, trocknen, die Blättchen abzupfen und fein hacken.
4 Die Eier trennen. Eigelbe in eine Metallrührschüssel geben und über dem heißen Wasserbad cremig-dick aufschlagen. Mehl und Speisestärke darübersieben und die zerlassene Butter zufügen. Die Masse aber noch nicht mischen.
5 Das Eiweiß steif schlagen. Krebsschwänze und Gemüsewürfel salzen, pfeffern und mit der Petersilie vermischt unter den Eischnee heben. Eischneemischung mit der Eigelbmasse vorsichtig mischen.
6 Die Förmchen mit Butter ausstreichen und die Masse einfüllen. Den Flusskrebs-Biskuit im vorgeheizten Ofen bei 180 °C 20 Minuten backen.

Zubereitung

Gemüse

1 Möhren und Sellerie schälen, vom Fenchel die äußeren Blätter entfernen und den Strunk herausschneiden. Lauch putzen und gründlich waschen. Das Gemüse in feine Würfel schneiden.
2 In einer Kasserolle Olivenöl und Butter erhitzen und die Gemüsewürfel darin ohne zu bräunen dünsten.
3 Von der Zucchini die Enden abschneiden. Zucchini senkrecht stellen und auf allen vier Seiten eine 3 bis 4 mm dünne Scheibe abschneiden. Den inneren Teil mit den wässrigen Kernen wegwerfen. Die Zucchinischeiben ebenfalls in feine Würfelchen schneiden. Lauchzwiebeln waschen, putzen und schräg in 1 cm lange Röllchen teilen.
4 Sobald das Gemüse in der Pfanne knapp gar ist, Zucchiniwürfel und Lauchzwiebel-Röllchen zufügen und alles weitere 2 bis 3 Minuten garen. Mit Salz und Pfeffer würzen.

Noilly-Prat-Sauce

1 Die Schalotte schälen und fein hacken. Butter in einer Kasserolle aufschäumen und die Schalotte darin glasig dünsten.
2 Mit Weißwein und Noilly Prat ablöschen, den Geflügelfond zufügen und die Flüssigkeit auf die Hälfte einkochen. Crème fraîche einrühren und die Sauce nochmals etwas reduzieren.
3 Noilly-Prat-Sauce durch ein feines Sieb passieren, mit Salz und Pfeffer abschmecken und warm halten.

Fertigstellen und Anrichten

Die Flusskrebs-Biskuits vorsichtig aus der Form lösen und auf vorgewärmten Tellern anrichten. Das Gemüse ringsum verteilen, leicht mit der Noilly-Prat-Sauce überziehen und alles mit etwas Petersilie garnieren.

Anmerkung

Flusskrebse, einst wie der Wildlachs ein „Arme-Leute-Essen", sind heute eine rare Delikatesse. Schon immer waren sie fester Bestandteil auch der deutschen Küche. Flusskrebse sind die entscheidende Zutat des typisch deutschen Leipziger Allerleis. Die Lebensmittel-Industrie deformierte dieses köstliche Gericht aus frischem Gemüse mit Flusskrebsen in der Vorstellung heutiger Konsumenten zum faden Dosengemüse. In europäischen Flüssen und Seen wimmelte es in alten Zeiten von drei Flusskrebsarten (Edelkrebs, Dohlenkrebs, Steinkrebs). Schon 1876 wurden sie zuerst durch die vermutlich mit einer neuen Krebsart aus Amerika importierte Krebspest dezimiert. Importe dreier weiterer fremder Krebsarten verstärkten die Ausbreitung der Seuche. Dann wurden Flusskrebse mit fortschreitender Gewässerverschmutzung immer seltener. In Deutschland verschwanden sie allmählich nahezu vollständig aus den Küchen. Nur in Skandinavien haben sie bis heute ihre kulinarische Bedeutung bewahrt. Nun erobert der Flusskrebs wieder unsere feine Küche. In Supermärkten wird der galizische Sumpfkrebs als preiswertes und geschmackloses Zuchtprodukt aus türkischen und chinesischen Teichen angeboten. Dunkler, kräftiger und geschmacklich anspruchsvoll sind gezüchtete oder wild gefangene Edelkrebse aus Skandinavien.
Von der Armenspeise zur Delikatesse mutiert, sollten hochwertige Flusskrebse anspruchsvoll zubereitet werden.

Safran-Spargel-Risotto mit Flusskrebsen

Zutaten *Für 4 Personen*

Risotto

500 g weißer Spargel
500 g grüner Spargel
1 Schalotte
70 g Butter
300 g Risotto-Reis (2 Tassen)
1 Glas Weißwein
800 ml heiße Geflügelbrühe
1 g Safranfäden
Salz, Pfeffer

Flusskrebse

20 frische Flusskrebse
Salz

Zubereitung

Risotto

1 Den weißen Spargel ganz, vom grünen Spargel nur das untere Drittel schälen. Die holzigen Enden abschneiden und Spargelstangen in 4 cm lange Stücke teilen.

2 Die Schalotte schälen und fein hacken. In einem Topf die Hälfte der Butter zerlassen und die Schalottenwürfel darin andünsten. Den Reis zufügen und unter Rühren glasig werden lassen. Mit Weißwein ablöschen. Sobald der Wein vollständig verdampft ist, nach und nach die heiße Geflügelbrühe zufügen. Auf lebhafter Flamme kochen und gelegentlich umrühren, damit nichts ansetzt.

3 Nach 6 Minuten Garzeit den weißen und nach 12 Minuten den grünen Spargel sowie die Safranfäden zum Reis geben. Insgesamt 18 Minuten kochen. Der Risotto soll jetzt cremig-flüssig sein. Falls er zu fest wird, etwas heiße Brühe zugeben.

4 Mit Salz und Pfeffer abschmecken und die restliche Butter in Flöckchen einarbeiten. Den Risotto weitere 5 Minuten zugedeckt neben dem Feuer ruhen lassen.

Flusskrebse

1 Flusskrebse in sprudelnd kochendes Salzwasser (10 g/Liter) geben. Neben dem Herd im geschlossenen Topf in 5 Minuten gar ziehen lassen. Dann den Kopf vom Schwanzteil abdrehen, den Schwanzteil auslösen und den Darm entfernen.

2 Einige Flusskrebsköpfe (Krebsnasen) für die Garnitur aufbewahren.

Fertigstellen und Anrichten

Safran-Spargel-Risotto auf Tellern anrichten. Die Flusskrebse darauf verteilen und mit Krebsnasen garnieren.

Schnell & einfach

Frische Flusskrebse lassen sich durch Flusskrebsschwänze aus dem Glas ersetzen. Die Flusskrebsschwänze abtropfen lassen und vor dem Servieren in wenig Butter erwärmen.

Flusskrebs-Brokkoli-Flan auf Trüffel-Kartoffel-Schaum mit Walnüssen und Krustentiersauce

Zutaten *Für 4 Personen*

Flusskrebs-Brokkoli-Flan
400 g frische Flusskrebse
1 großer Brokkoli
2 Knoblauchzehen
150 g Crème fraîche
3 Eier, Chilipulver, Pfeffer
4 Butterflöckchen

Trüffel-Kartoffel-Schaum
500 g mehligkochende Kartoffeln
Salz, 135 g Butter,
etwa 150 ml heiße Milch
40 g frische schwarze Wintertrüffel
2 EL Madeira, 50 g Walnusskerne

Krustentiersauce
2 EL Butter
100 ml Weißwein
50 ml Noilly Prat
200 ml Fischfond
100 ml passierte Tomaten
Trüffelschalen, fein gehackt
1 Knoblauchzehe, 2 EL Cognac
150 g Crème fraîche
1 TL Hummer-Demiglace
Salz, Pfeffer, Cayennepfeffer

Ausserdem
4 ofenfeste Portionsförmchen
Butter, Walnusshälften
gebratene Trüffelscheibchen

Anmerkung
Krustentiersauce: Bei Verwendung fertiger Flusskrebsschwänze aus dem Glas werden die fehlenden Karkassen für die Sauce durch 200 g grob gehackte ganze Garnelen mit Kopf und Schale ersetzt.
Die etwas aufwendige Krustentiersauce kann aber auch mit fertigem Krustentiermus aus dem Glas hergestellt werden. Dafür 1 geschälte und gehackte Schalotte in wenig Butter glasig dünsten. Einige Löffel Krustentiermus zufügen. Mit 1 Glas Weißwein ablöschen und einmal aufkochen lassen. Etwas Sahne in die köchelnde Sauce rühren und diese dann durch ein feines Sieb passieren. Mit 1 EL Cognac und 1 Spritzer Noilly Prat abschmecken.

Zubereitung

Flusskrebs-Brokkoli-Flan
1 Flusskrebse in sprudelnd kochendes Salzwasser (10 g/Liter) geben. Neben dem Herd im geschlossenen Topf in 5 Minuten gar ziehen lassen. Dann herausnehmen und den Kopf vom Schwanzteil trennen. Die Krebsschwänze mit der Küchenschere über den Rücken aufschneiden, den dunklen Darm entfernen und das Fleisch auslösen. Die Karkassen (Köpfe und Schalen) für die Sauce aufbewahren.
2 Brokkoli in Röschen teilen und im Dämpfeinsatz über Wasserdampf oder in leicht gesalzenem Wasser knapp al dente garen, dann sofort eiskalt abschrecken. Abtropfen lassen und trocken tupfen.
3 Knoblauch abziehen und fein hacken. Crème fraîche, Eier und Knoblauch mit dem Schneebesen verrühren, aber nicht schlagen. Mit Chilipulver, Salz und Pfeffer würzen.
4 Die Förmchen mit Butter ausstreichen. Abwechselnd Brokkoliröschen und Flusskrebsschwänze einschichten und leicht festdrücken. Einige Flusskrebsschwänze für die Dekoration aufbewahren.
5 Dann die Crème fraîche-Eier-Mischung in die Förmchen verteilen und jeweils mit 1 Butterflöckchen belegen. Die Flans im vorgeheizten Ofen bei 180 °C 18 Minuten backen, anschließend warm halten.

Trüffel-Kartoffel-Schaum
1 Kartoffeln in Salzwasser weich kochen, abgießen und ausdampfen lassen. Noch heiß zweimal durch die Kartoffelpresse drücken.
2 Butter bis auf 1 EL in kleinen Stücken mit dem Schneebesen in die Kartoffelmasse einarbeiten. Dann die heiße Milch unter ständigem Rühren untermischen, bis das Püree die gewünschte Konsistenz hat. Mit dem Schneebesen schaumig rühren und mit Salz abschmecken.
3 Die Trüffel unter fließendem Wasser mit einer harten Bürste säubern, trocknen, dünn schälen und sehr fein würfeln. Trüffelschalen zum Aromatisieren der Krustentiersauce verwenden. In einer Pfanne die übrige Butter zerlassen und die Trüffelwürfel darin bei mittlerer Hitze 4 Minuten braten. Mit Madeira ablöschen und die Flüssigkeit verdampfen lassen. Trüffelwürfel und nicht zu fein gehackte Walnüsse unter den Kartoffelschaum heben.

Krustentiersauce
1 Die Flusskrebskarkassen (Köpfe und Schalen) waschen, mit Küchenpapier trocken tupfen und grob hacken.
2 In einer Kasserolle Butter aufschäumen und die Karkassen darin bei starker Hitze 2 Minuten kräftig anrösten. Mit Weißwein und Noilly Prat ablöschen. Fischfond, passierte Tomaten, fein gehackte Trüffelschalen und die gepresste Knoblauchzehe zufügen. Die Sauce mit Cognac verfeinern und 15 Minuten köcheln lassen. Anschließend durch ein feines Sieb passieren.
3 Crème fraîche und Hummer-Demiglace einrühren und noch einmal kurz aufkochen. Mit Salz, Pfeffer und Cayennepfeffer abschmecken.

Fertigstellen und Anrichten
Trüffel-Kartoffel-Schaum auf vorgewärmte Teller verteilen. Den Flusskrebs-Brokkoli-Flan aus den Förmchen lösen und in die Mitte setzen. Mit einigen Flusskrebsschwänzen, Walnusshälften und Trüffelscheibchen garnieren. Etwas Krustentiersauce darübergeben.

Schnell & einfach
Der Flusskrebs-Brokkoli-Flan lässt sich auch gut mit 200 g fertigen Flusskrebsschwänzen aus dem Glas zubereiten.

Hagen Grote
pour le gourmet
TRÜFFEL
CARPACCIO

Garnelen-Wirsing-Cannelloni mit Noilly-Prat-Weisswein-Sauce

Zutaten *Für 4 Personen*

Garnelen-Wirsing-Cannelloni

4 schöne Wirsingblätter
Salz
4 große oder 8 kleine
rohe Garnelenschwänze
200 g Lachsfilet
200 ml Sahne
Pfeffer
1 EL Olivenöl
2 EL Butter

Wirsingragout

1 kleiner Wirsing
Salz
1 Möhre
1 Stück Lauch, nur der weiße Teil
1 Stück Sellerie
1 Schalotte
1 EL Olivenöl
1 EL Butter
200 ml Geflügelfond
150 g Crème fraîche
1 Glas Weißwein
Pfeffer
Muskat

Noilly-Prat-Weisswein-Sauce

2 Schalotten
100 ml Noilly Prat
200 ml Weißwein
200 ml Geflügelfond
Salz, Pfeffer
50 g kalte Butter

Ausserdem

etwas Rucola für die Garnitur

Zubereitung

Garnelen-Wirsing-Cannelloni

1 Die 4 großen Wirsingblätter in kochendem Salzwasser 3 Minuten blanchieren. Sofort eiskalt abschrecken, abtropfen lassen, trocknen und die dicken Blattrippen herausschneiden.

2 Garnelenschwänze schälen und den dunklen Darm vom Rücken entfernen. Das Lachsfilet grob würfeln und mit der Sahne 12 Minuten im Tiefkühlfach vorkühlen.

3 Vorgekühlte Lachswürfel salzen, pfeffern und im Mixer pürieren. Dabei so viel eiskalte Sahne zufügen, bis eine streichfähige Farce entsteht.

4 Die blanchierten Wirsingblätter ausbreiten und mit Lachsfarce bestreichen. Jeweils 1 großen oder 2 kleine Garnelenschwänze darin zu Cannelloni aufrollen und die Enden gerade schneiden.

5 Olivenöl und Butter in einer Pfanne erhitzen und die Cannelloni darin von allen Seiten leicht anbraten. Im vorgeheizten Ofen bei 160 °C in 6 Minuten gar ziehen lassen und anschließend warm halten.

Anmerkung

Es gibt einige Hundert verschiedene Garnelenarten, die in der Küche genutzt werden. Auch wenn sie Shrimps, Gambas oder Krabben heißen, es handelt sich immer um die gleiche riesige Krustentierfamilie. Da selbst Fachleute die unterschiedlichen Arten schwer auseinanderhalten können, werden sie im Handel nach Größe sortiert angeboten. Garnelen werden in großen Mengen gezüchtet und weltweit in allen Meeren gefangen. Von den Garnelen unterscheidet sich Kaisergranat, auch Scampi oder in Frankreich Langustine genannt, nicht nur durch die Größe deutlich. Geschält sind Scampi-Schwänze allerdings leicht mit Riesengarnelenschwänzen zu verwechseln. Ungeschält erkennt man den Unterschied jedoch leicht: Kaisergranat oder Scampi haben einen massiven Panzer, lange ausgeprägte Scheren und eine breitere, fünfteilige Schwanzflosse. Gefischt wird Kaisergranat im Mittelmeer, Atlantik und in der Nordsee.

Wirsingragout

1 Wirsing vom Strunk befreien, in einzelne Blätter teilen und die dicken Blattrippen entfernen. Wirsingblätter in kochendem Salzwasser al dente gar kochen. Eiskalt abschrecken und in kleinen Portionen mit den Händen sehr fest auspressen.

2 Wirsing im Mixer nicht zu fein pürieren. Das restliche Gemüse schälen oder putzen und fein würfeln.

3 In einer Pfanne Olivenöl und Butter erhitzen und die Gemüsewürfel darin hell andünsten. Den grob pürierten Wirsing untermischen. Geflügelfond, Crème fraîche und Weißwein zufügen und alles 10 Minuten köcheln lassen. Mit Salz, Pfeffer und Muskat würzen.

Noilly-Prat-Weisswein-Sauce

1 Schalotten schälen und fein hacken. Mit Noilly Prat, Weißwein und Geflügelfond in einen Topf geben und auf die Hälfte einkochen.

2 Durch ein feines Sieb passieren und mit Salz und Pfeffer würzen. Kurz vor dem Servieren die kalte Butter mit dem Pürierstab untermontieren, sodass eine leichte Bindung entsteht.

Fertigstellen und Anrichten

Garnelen-Wirsing-Cannelloni auf vorgewärmten Tellern anrichten und das Wirsingragout daneben verteilen. Alles mit der Sauce umgießen und mit Rucola garnieren.

Scampi in Pancetta auf Gemüse-Risotto mit Krustentiersauce

Zutaten *Für 4 Personen*

Gemüse-Risotto

1 Zwiebel
2 Möhren
1 Knoblauchzehe
1 Fenchelknolle
3 EL Olivenöl
300 g Risotto-Reis, etwa Vialone Nano oder Arborio
1 Glas Weißwein
800 ml heiße Geflügelbrühe
1 Zucchini
30 g Butter, gewürfelt
Salz, Pfeffer

Scampi

8 Scampi oder 12 große Garnelen
4–6 Scheiben Pancetta (italienischer Speck)
2 EL Olivenöl

Krustentiersauce

Scampi-Karkassen (Scheren, Köpfe und Schalen)
2 EL Butter
2 Schalotten
1 Möhre
1 Stück Lauch, nur der weiße Teil
1 Stück Sellerie
1 TL Tomatenmark
2 EL Cognac
200 ml Weißwein
1 Tomate, gehackt
400 ml Geflügelbrühe
1 Lorbeerblatt
etwas Rosmarin und Thymian
5 Pfefferkörner
100 ml Sahne
Salz

Zubereitung

Gemüse-Risotto

1 Zwiebel und Möhren schälen und beides klein würfeln. Knoblauch abziehen und fein hacken. Fenchel waschen, äußere Blätter entfernen, Knolle halbieren und den Strunk herausschneiden. Fenchel klein würfeln und das Fenchelgrün für die Garnitur beiseitelegen.

2 Olivenöl in einem Topf erhitzen und die Gemüsewürfel darin hell andünsten. Den Reis zufügen und ständig umrühren, bis die Körner glasig sind. Mit Weißwein ablöschen und vollständig verdampfen lassen. Knoblauch zufügen und die heiße Geflügelbrühe angießen. Den Risotto 15 Minuten kochen und gelegentlich umrühren, damit nichts ansetzt.

3 Von der Zucchini die Enden abschneiden. Zucchini senkrecht stellen und auf allen vier Seiten eine 3 bis 4 mm dünne Scheibe abschneiden. Den inneren Teil mit den wässrigen Kernen wegwerfen. Die Zucchinischeiben ebenfalls in feine Würfelchen schneiden. Zum Reis geben und weitere 3 Minuten mitgaren. Die Kochzeit des Risotto beträgt insgesamt 18 Minuten. Er sollte jetzt eine cremige, halb flüssige Konsistenz haben. Wenn er zu trocken ist, noch etwas heiße Brühe zufügen.

4 Die Butterwürfel unterheben und mit Salz und Pfeffer abschmecken. Vom Herd nehmen und zugedeckt weitere 5 Minuten ruhen lassen.

Scampi

1 Von den Scampi Köpfe und Scheren vom Schwanzteil abdrehen. Die Schwänze mit der Küchenschere über den Rücken aufschneiden. Den dunklen Darm entfernen und das Fleisch auslösen. Köpfe, Scheren und Schalen für die Sauce aufbewahren.

2 Pancetta-Scheiben einmal längs halbieren. Die Scampi-Schwänze jeweils mit einem Pancetta-Streifen umwickeln. In Olivenöl in 2 bis 3 Minuten von allen Seiten knusprig braten und warm halten.

Krustentiersauce

1 Die Scheren der Scampi mit dem Messerrücken aufklopfen und mit den restlichen Karkassen in einer Kasserolle in heißer Butter andünsten.

2 Das Gemüse putzen oder schälen und grob würfeln. Mit dem Tomatenmark zu den Scampi-Karkassen geben und leicht anbraten. Cognac darübergießen und flambieren. Mit Weißwein ablöschen und die gehackte Tomate zufügen. Alles mit der Geflügelbrühe auffüllen und 25 Minuten kochen. 10 Minuten vor Ende der Garzeit Kräuter und Pfefferkörner zufügen.

3 Die Sauce durch ein feines Sieb passieren und die Zutaten dabei kräftig ausdrücken. Sahne in die Sauce geben und nochmals leicht köchelnd einige Minuten sämig reduzieren. Mit Salz abschmecken.

Fertigstellen und Anrichten

Gemüse-Risotto auf vorgewärmte Teller verteilen und die gebratenen Scampi darauf anrichten. Alles mit der Krustentiersauce umgießen und mit Fenchelgrün garnieren.

Schnell & einfach

Die etwas aufwendige Krustentiersauce lässt sich einfacher mit fertigem Krustentiermus aus dem Glas herstellen. Dafür 1 Schalotte schälen, fein hacken und in Butter glasig dünsten. Einige Löffel Krustentiermus sowie 1 Glas Weißwein zufügen und aufkochen. Etwas Sahne in die köchelnde Sauce rühren und alles 1 Minute kochen. Durch ein feines Sieb passieren. Die Sauce mit Pfeffer und 1 EL Cognac abschmecken. Nicht salzen, da Krustentiermus Salz enthält.

FLUSSKREBS-GEFLÜGEL-BÄLLCHEN AUF KÜRBISPÜREE MIT ZITRONENGRAS-KÜRBIS-SAUCE

ZUTATEN *Für 4 Personen*

KÜRBISPÜREE
800 g Kürbis
Olivenöl
1 Knoblauchzehe
100 g Crème fraîche
1 TL Zucker
Chilipulver
1 TL frisch geriebener Ingwer
½ TL Currypulver
Saft von ½ Zitrone
Salz, Pfeffer

FLUSSKREBS-GEFLÜGEL-BÄLLCHEN
12 frische Flusskrebse
Salz
200 g Geflügelbrustfilet
250 ml Sahne
2 Knoblauchzehen
Pfeffer
Thymian
Chilipulver
2 EL Olivenöl
1 EL Butter

ZITRONENGRAS-KÜRBIS-SAUCE
1 Möhre, 1 Schalotte
200 g Kürbisfruchtfleisch
2 EL Butter
100 ml Weißwein
200 ml Geflügelfond
1 Lorbeerblatt
1 Knoblauchzehe
2 Stängel Zitronengras
½ Chilischote
100 g Crème fraîche
Saft von ½ Zitrone
1 TL Zucker
Salz, Pfeffer

AUSSERDEM
Thymian, glatte Petersilie

ZUBEREITUNG

KÜRBISPÜREE
1 Den Kürbis schälen, die Kerne entfernen und das Fruchtfleisch grob würfeln. 200 g Kürbisfleisch für die Sauce beiseitestellen. Das andere gewürfelte Fruchtfleisch in eine ofenfeste Form geben und mit Olivenöl beträufeln. Eine ungeschälte Knoblauchzehe mit der flachen Messerklinge grob zerdrücken und zufügen. Die Form mit Alufolie dicht verschließen. Das Kürbisfleisch im vorgeheizten Ofen bei 180 °C 1 Stunde garen.
2 Ein Sieb mit einem Passiertuch auslegen. Das Kürbisfleisch darin kräftig auspressen und dadurch auf die Hälfte seines ursprünglichen Volumens reduzieren.
3 Kürbisfleisch mit Crème fraîche im Mixer fein pürieren. Zucker, Chilipulver, Ingwer, Currypulver und Zitronensaft mit dem Schneebesen unter das Püree mischen. Mit Salz und Pfeffer abschmecken.

FLUSSKREBS-GEFLÜGEL-BÄLLCHEN
1 Flusskrebse in sprudelnd kochendes Salzwasser (10 g/Liter) geben. Neben dem Herd im geschlossenen Topf in 5 Minuten gar ziehen lassen. Dann herausnehmen und den Kopf vom Schwanzteil trennen. Die Krebsschwänze mit der Küchenschere über den Rücken aufschneiden und den dunklen Darm entfernen. Das Fleisch auslösen, in kleine Stücke schneiden und kühl stellen. 4 Flusskrebsköpfe waschen und für die Garnitur aufbewahren.
2 Das Geflügelbrustfilet von Haut und Fett befreien. In grobe Würfel schneiden und mit der Sahne 12 Minuten im Tiefkühlfach vorkühlen.
3 Knoblauch schälen und mit dem vorgekühlten Geflügelfleisch in den Mixer geben. Mit Salz, Pfeffer, Thymian und Chilipulver würzen. Alles fein pürieren und dabei so viel eiskalte Sahne zufügen, bis eine streichfähige Farce entsteht.
4 Das Krebsfleisch mit der Geflügelfarce mischen und aus der Masse mit nassen Händen Bällchen formen. In einer Pfanne Olivenöl und Butter erhitzen und die Flusskrebs-Geflügel-Bällchen darin ringsum bei geringer Hitze 6 Minuten braten, anschließend warm halten.

ZITRONENGRAS-KÜRBIS-SAUCE
1 Möhre und Schalotte schälen und beides fein würfeln. Das Kürbisfruchtfleisch in kleine Würfel schneiden.
2 In einem Topf die Butter zerlassen und die Möhrenwürfel darin hell andünsten. Kürbis- und Schalottenwürfel zufügen und mitdünsten. Weißwein, Geflügelfond, Lorbeerblatt und die gepresste Knoblauchzehe zufügen. Das Zitronengras in 2 cm lange Stücke schneiden, die Chilischote entkernen und fein hacken. Beides in die Sauce geben und 10 Minuten kochen.
3 Die Sauce mit dem Mixstab pürieren und durch ein feines Sieb passieren. Crème fraîche mit dem Schneebesen in die Sauce rühren und noch einmal aufkochen. Mit Zitronensaft, Zucker, Salz und Pfeffer abschmecken.

Fertigstellen und Anrichten
Das Kürbispüree in der Mitte vorgewärmter Teller anrichten. Flusskrebs-Geflügel-Bällchen darauf verteilen und etwas Zitronengras-Kürbis-Sauce angießen. Mit Krebsnasen, Thymian und Petersilienblättchen garnieren.

SCHNELL & EINFACH
Verwenden Sie 200 g Flusskrebsschwänze aus dem Glas. Diese in einem Sieb gut abtropfen lassen und wie im Rezept angegeben verwenden.

Hagen Grote
pour le gourmet
Chili mild
geschrotet, ohne Saat
150 ml
Hagen Grote®
pour le gourmet
hühner-fond
Die kräftig aromatische Basis
für feine Saucen und Suppen

Scampi in Kartoffelkruste auf Gorgonzola-Risotto mit Cocktailtomaten-Pesto

Zutaten *Für 4 Personen*

Cocktailtomaten-Pesto

- 100 g getrocknete Cocktailtomaten, in Olivenöl eingelegt
- 2 Knoblauchzehen
- 1 Bund Basilikum
- 2 EL Pinienkerne
- Salz, etwa 100 ml Olivenöl
- 50 g frisch geriebener Parmesan
- Pfeffer

Gorgonzola-Risotto

- 1 Schalotte
- 2 EL Olivenöl
- 300 g Risotto-Reis (2 Tassen)
- 1 Glas Weißwein
- 800 ml heiße Geflügelbrühe
- 30 g Butter, gewürfelt
- 2 EL gehackte glatte Petersilie
- 150 g Gorgonzola, gewürfelt
- Salz, Pfeffer

Scampi

- 8 Scampi oder Riesengarnelen
- 2 große festkochende Kartoffeln

Außerdem

- Olivenöl zum Frittieren
- etwas glatte Petersilie

Zubereitung

Cocktailtomaten-Pesto

1 Die Cocktailtomaten gut abtropfen lassen, dann 5 Minuten in kochendem Wasser blanchieren. Knoblauch abziehen und halbieren. Basilikum waschen, trocknen und die Blätter abzupfen.

2 Blanchierte Tomaten mit Knoblauch, Pinienkernen, Basilikum und wenig Salz im Mixer pürieren. So viel Olivenöl zufügen, bis das Pesto eine dickflüssige Konsistenz hat.

3 Zum Schluss den geriebenen Parmesan unterrühren und mit Pfeffer würzen.

Gorgonzola-Risotto

1 Die Schalotte schälen und fein hacken. In einem Topf Olivenöl erhitzen und die Schalottenwürfel darin glasig dünsten.

2 Reis zufügen und unter Rühren andünsten, bis die Körner glasig sind. Mit Weißwein ablöschen und diesen verdampfen lassen. Nach und nach die heiße Geflügelbrühe angießen. Den Risotto 18 Minuten kochen. Dabei häufig umrühren, damit nichts ansetzt. Der fertige Risotto sollte dickflüssig cremig sein. Falls er zu fest wird, etwas heiße Brühe angießen.

3 Butterwürfel unter den Reis heben. Gehackte Petersilie und Gorgonzolawürfel zufügen. Mit Salz und Pfeffer würzen und alles vorsichtig mischen. Zugedeckt neben dem Feuer 5 Minuten ruhen lassen.

Scampi

1 Von den Scampi die Köpfe und Scheren vom Schwanzteil abdrehen. Die Schwänze mit der Küchenschere über den Rücken aufschneiden. Den dunklen Darm entfernen und das Fleisch auslösen.

2 Kartoffeln schälen und mit dem Sparschäler möglichst lange, dünne Streifen abschälen.

3 Die Scampi-Schwänze gleichmäßig dünn mit den Kartoffelstreifen umwickeln.

4 In einer Fritteuse oder einem hohen Topf ausreichend Olivenöl erhitzen und die eingewickelten Scampi-Schwänze darin knusprig ausbacken. Auf Küchenpapier abtropfen lassen.

Fertigstellen und Anrichten

Gorgonzola-Risotto auf vorgewärmte Teller verteilen und die Scampi in Kartoffelkruste darauf anrichten. Mit Cocktailtomaten-Pesto und etwas glatter Petersilie garnieren.

Scampi in Macadamia-Pistazien-Kruste auf Süsskartoffel-Carpaccio mit Mojo Rojo

Zutaten *Für 4 Personen*

Scampi
12 Scampi (deutsch: Kaisergranat, franz. Langustine)
Madras-Currypulver
60 g Macadamianüsse
60 g Pistazienkerne
2 Eigelbe

Süsskartoffel-Carpaccio
2–3 Süßkartoffeln, je nach Größe
Salz
2 EL Olivenöl

Mojo rojo
3 Knoblauchzehen
1 kleine rote Paprikaschote
5 EL Rotweinessig
1 TL Piment d'Espelette (aromatisches Chilipulver aus dem französischen Baskenland)
1 TL edelsüßes Paprikapulver
2 EL Olivenöl
1 TL Zucker
Salz

Ausserdem
Olivenöl zum Frittieren
einige Macadamianüsse und Pistazienkerne, beides grob gehackt
Petersilienblättchen

Zubereitung

Scampi

1 Von den Scampi die Köpfe mit den Scheren abdrehen. Die Schwänze über den Rücken mit der Küchenschere aufschneiden. Den Darm entfernen und das Fleisch auslösen. Dabei jedoch die kleinen Schwanzflossen dranlassen. Die Scampi-Schwänze mit Küchenpapier trocken tupfen. Mit Currypulver bestreuen, überschüssiges Currypulver abklopfen.

2 Macadamianüsse und Pistazienkerne nicht zu fein hacken. Die Scampi-Schwänze mit Eigelb einpinseln und in den gehackten Nüssen wenden. Die Panade gut festdrücken.

3 In einer Fritteuse oder einer hohen Pfanne reichlich Olivenöl auf ca. 175 °C erhitzen. Die panierten Scampi-Schwänze darin in etwa 45 Sekunden knusprig ausbacken.

Süsskartoffel-Carpaccio

1 Süßkartoffeln schälen und in dünne Scheiben hobeln.

2 Gleichmäßige Scheibchen auswählen und in Salzwasser etwa 3 Minuten knapp bissfest kochen. Abgießen, abtropfen lassen und sorgfältig trocken tupfen.

3 Süßkartoffelscheiben in Olivenöl auf jeder Seite in ca. 1 Minute knusprig gar braten.

Mojo rojo

1 Knoblauch abziehen, halbieren und würfeln. Paprikaschote vom Stielansatz, den Samen und Scheidewänden befreien und klein schneiden.

2 Knoblauch- und Paprikawürfel mit Rotweinessig, Piment d'Espelette, Paprikapulver, Olivenöl, Zucker und Salz im Mixer pürieren.

Fertigstellen und Anrichten

Süßkartoffelscheiben kreisförmig überlappend auf vorgewärmten Tellern anrichten. Je 3 ausgebackene Scampi in die Mitte setzen. Mojo rojo über die Süßkartoffeln träufeln. Mit gehackten Macadamianüssen, Pistazien und einigen Blättchen Petersilie garnieren.

Hummer in der Schale

Zutaten *Für 4 Personen*

Ofentomaten
- 8 reife Tomaten
- 2 Knoblauchzehen
- Thymian
- Salz, Pfeffer
- 3 EL Olivenöl

Hummer
- 2 lebende Hummer
- Salz, Pfeffer
- 100 g Butter, zerlassen

Hummersauce
- 2 Schalotten
- 1 Knoblauchzehe
- 1 Möhre
- 1 Stück Sellerie
- 1 Stück Lauch, nur der weiße Teil
- 2 EL Olivenöl
- 1 EL Tomatenpüree
- 3 EL Cognac
- 1 Glas Weißwein
- 1 kleine Dose geschälte Tomaten, z. B. San Marzano
- 400 ml Fischfond
- 200 ml Sahne
- etwas Thymian und Rosmarin
- Salz, Pfeffer

Außerdem
- einige Blätter Frisée- und Feldsalat
- etwas gekochter grüner Spargel
- Thymianblättchen

Zubereitung

Ofentomaten
1 Die Tomaten von den Stielansätzen befreien und auf der gegenüberliegenden Seite kreuzweise einritzen. Dann einzeln 10 Sekunden in kochendes Wasser tauchen, häuten, vierteln und entkernen.

2 Knoblauch abziehen und fein hacken. Die Tomatenviertel mit Thymian, Knoblauch, Salz und Pfeffer würzen. Ein Backblech mit Öl bestreichen. Die gewürzten Tomatenviertel darauf verteilen und mit Olivenöl beträufeln. Im vorgeheizten Ofen bei 90 °C 1 Stunde trocknen lassen.

Hummer
1 Die Hummer waschen und einzeln kopfüber in sprudelnd kochendes Salzwasser (10 g Salz/Liter) geben. Jeweils 1 Minute kochen und dann herausnehmen.

2 Mit der Bauchseite nach unten auf ein Brett legen. Der Länge nach erst das Schwanzteil, dann das Kopfstück teilen. Aus dem Bruststück den kleinen, Kies enthaltenden, Magensack wegwerfen.

3 Alle fleischigen und cremigen Teile des Brustpanzers sowie der grünliche Corail sind essbar. Diese Teile für die Sauce beiseitestellen.

4 Vom Schwanzteil den über den Rücken verlaufenden Darm entfernen. Das Fleisch auslösen und quer in Scheiben schneiden. Schwanzkarkassen beim Auslösen nicht beschädigen, gut ausspülen und trocknen lassen.

5 Die Hummerscheren abdrehen, mit dem Messerrücken aufklopfen und das Scherenfleisch auslösen.

6 Scheren- und Schwanzfleisch mit Salz und Pfeffer würzen und in die 4 gesäuberten Schwanzkarkassen verteilen. Alle Hummerhälften in eine ofenfeste Form setzen.

Hummersauce
1 Die restlichen Hummerkarkassen (Brustpanzer, Scheren, Beine) zerkleinern.

2 Schalotten und Knoblauch schälen und fein hacken. Möhre und Sellerie schälen, Lauch putzen, gründlich waschen und alles grob würfeln.

3 In einer Kasserolle das Olivenöl erhitzen und die zerkleinerten Hummerkarkassen darin anrösten. Schalotten, Knoblauch und gewürfeltes Gemüse zufügen und einige Minuten mitrösten. Dann das Tomatenmark einrühren und alles kurz weiter dünsten. Cognac darübergießen und flambieren. Mit Weißwein ablöschen. Die geschälten Tomaten sowie den Fischfond zufügen und 45 Minuten köcheln lassen.

4 Durch ein feines Sieb passieren und dabei alle Zutaten gut ausdrücken. Sahne einrühren und mit Thymian und Rosmarin würzen. Nochmals 10 Minuten sämig einkochen. Die beiseitegestellten Hummerinnereien (Corail) zufügen und mit dem Mixstab untermontieren. Mit Salz und Pfeffer abschmecken.

Fertigstellen und Anrichten
Die gefüllten Hummerhälften mit zerlassener Butter beträufeln und bei 200 °C im vorgeheizten Ofen 10 Minuten garen. Hummersauce erwärmen und mit dem Hummer in der Schale auf vorgewärmten Tellern anrichten. Mit Ofentomaten, einigen Salatblättchen, grünem Spargel und Thymian garnieren.

Schnell & einfach
Die recht aufwendige Hummersauce lässt sich auch aus fertigem Krustentiermus herstellen. Dafür 3 bis 4 Löffel Krustentiermus mit etwas Fischfond und 1 Glas Weißwein auf die gewünschte Konsistenz verdünnen und erwärmen. Die Sauce mit Cognac, Crème fraîche und 1 TL Hummer-Demiglace verfeinern. 2 Minuten köcheln lassen und mit Pfeffer und Chilipulver abschmecken. Nicht mit Salz würzen, das Krustentiermus enthält bereits Salz.

Hummer-Tagliatelle

Zutaten *Für 4 Personen*

Hummer

2 lebende Hummer, je etwa 500 g
2 EL Butter
Salz, Pfeffer

Hummersauce

2 Schalotten
1 Knoblauchzehe
1 Möhre
1 Stück Sellerie
1 Stück Lauch, nur der weiße Teil
2 EL Olivenöl
2 EL Tomatenmark
4 EL Cognac
1 Glas Weißwein
2 Tomaten
½ l Fischfond
1 kleines Bund Estragon
Cayennepfeffer
200 ml Sahne
Salz, Pfeffer

Tagliatelle

200 g Weizenmehl
½ TL Salz
1 EL Olivenöl
1 Ei, 1 Eigelb

Außerdem

Estragonblättchen

Anmerkung

Europäischer Hummer (franz. homard, ital. astice, span. bogavante) ist wegen Überfischung nahezu verschwunden. Im Handel erhalten Sie den ebenso guten amerikanisch-kanadischen Hummer. Er sollte nur lebend gekauft und zubereitet werden. Sobald er tot ist, entwickeln sich schnell Giftstoffe. Lebend darf er nicht länger als einen Tag in einem feuchten Tuch eingeschlagen im Kühlschrank lagern. Kälte macht ihm dabei nichts aus, das ist er aus den kalten Gewässern seines Lebensraumes gewohnt. Vor der Zubereitung müssen lebende Hummer immer kopfüber einzeln in sprudelnd kochendes Wasser gegeben werden.

Zubereitung

Hummer

1 Die Hummer waschen und einzeln nacheinander kopfüber 1 Minute in sprudelnd kochendes Wasser geben. Dann herausnehmen und etwas abkühlen lassen.

2 Hummer zwischen Brustpanzer und Schwanz teilen. Schwanzteil auslösen und den über den Rücken verlaufenden dunklen Darm entfernen. Hummerfleisch in dünne Scheiben schneiden. Scheren abdrehen, mit dem Messerrücken aufklopfen und das Fleisch auslösen. Scheren- und Schwanzfleisch kühl stellen.

3 Den Brustpanzer der Länge nach teilen und den kleinen, Kies enthaltenden, Magensack wegwerfen. Alle fleischigen Teile sowie den grünlichen Corail entnehmen und für die Sauce kühl stellen.

Hummersauce

1 Hummerkarkassen grob zerkleinern. Schalotten und Knoblauch schälen und beides fein hacken. Möhre und Sellerie schälen, Lauch putzen, gründlich waschen und das Gemüse grob würfeln.

2 In einer Kasserolle das Olivenöl erhitzen und die zerkleinerten Hummerkarkassen darin anrösten. Schalotten, Knoblauch und das gewürfelte Gemüse zufügen und mitrösten. Dann das Tomatenmark einrühren. Mit Cognac übergießen, flambieren und alles mit Weißwein ablöschen.

3 Die Tomaten fein hacken und zusammen mit dem Fischfond, Estragon und 1 kräftigen Prise Cayennepfeffer zufügen. Die Hummerkarkassen sollen knapp von Flüssigkeit bedeckt sein. Bei Bedarf noch etwas Wasser angießen und alles 20 Minuten bei mittlerer Hitze kochen.

4 Die Sauce durch ein feines Sieb in eine Kasserolle passieren und dabei alle Zutaten gut ausdrücken. Anschließend die Hummersauce auf etwa 250 ml einkochen.

5 Sahne unterrühren und die Sauce nochmals 5 Minuten sämig reduzieren. Die beiseitegestellten Hummerinnereien (Corail) zufügen und in der Sauce mit dem Mixstab fein pürieren. Mit Estragon, etwas Cognac, Salz und Pfeffer abschmecken.

Tagliatelle

1 Mehl auf die Arbeitsfläche sieben. Eine Mulde ins Mehl drücken und Salz, Olivenöl, Ei und Eigelb hineingeben. Eier in der Mulde mit einer Gabel leicht verquirlen und mit dem Mehl vom Rand verrühren.

2 Dann den Teig mit den Händen kräftig kneten, bis er glatt ist und nicht mehr klebt. Sollte der Teig noch klebrig sein, etwas Mehl einarbeiten. Ist er zu fest, ein wenig Wasser zufügen. Dann den Teig zu einer Kugel formen, in Klarsichtfolie wickeln und 2 Stunden ruhen lassen.

3 Den Nudelteig mit der Nudelmaschine in mehreren Durchgängen dünn ausrollen. Dafür den Walzenabstand erst auf die größte Stufe einstellen. Dann den Abstand bei jedem Durchgang reduzieren, bis möglichst dünne Teigplatten entstanden sind.

4 Die Teigplatten anschließend mit einem entsprechenden Aufsatz oder von Hand in breite Tagliatelle schneiden. Dafür die Teigplatten kurz antrocknen lassen, bis sie fest, aber noch biegsam sind. Nun von der schmalen Seite her locker aufrollen. Die Teigrolle mit einem scharfen Messer in etwa 7 mm breite Streifen schneiden. Aufgerollte Tagliatelle auseinanderziehen und bis zum Kochen auf einem bemehlten Backblech trocknen lassen.

Fertigstellen und Anrichten
Hummerfleisch 3 Minuten in Butter anbraten, in die Hummersauce geben und 10 Minuten bei 80 °C in der Sauce ziehen lassen. Tagliatelle in Salzwasser in ca. 4 bis 5 Minuten al dente kochen. Abgießen und sofort mit der Sauce mischen. Auf vorgewärmten Tellern anrichten und mit Estragon garnieren.

Schnell & einfach
Lebender Hummer lässt sich durch tiefgekühlten Hummer oder Hummer- und Krebsfleisch aus der Dose ersetzen. Für die Zubereitung einer Hummersauce ohne Karkassen 1 geschälte und fein gewürfelte Schalotte in Butter glasig andünsten. Dann einige Löffel Krustentiermus aus dem Glas zufügen und mit Weißwein und Sahne auf die gewünschte Konsistenz verdünnen. Die Sauce mit etwas Cognac, Estragon und Cayennepfeffer abschmecken, aber nur vorsichtig salzen, da das Krustentiermus bereits Salz enthält. Gute fertige Tagliatelle sind im Handel erhältlich.

Königskrabben-Lachs-Roulade auf Lauchsauce

Zutaten *Für 4 Personen*

Königskrabben-Lachs-Roulade

240 g Königskrabbenfleisch
aus dem Glas (Kamtschatka-Krabbe)
500 g Lachsfilet (aus der Mitte)
½ Fenchel
1 Möhre
½ gelbe und rote Paprikaschote
1 kleine Zucchini
Salz
Pfeffer
etwa 150 ml Sahne

Lauchsauce

3 kleine Stangen Lauch
Salz
2 EL Butter
100 ml Weißwein
50 ml Noilly Prat
100 ml Fischfond
200 g Crème fraîche
Pfeffer

Außerdem

Basilikumblättchen

Anmerkung

Königskrabben (Paralithodes camtschaticus), auch Kamtschatka-Krabben oder King Crab genannt, sind äußerst wohlschmeckende Tiefseekrabben. Sie werden nördlich des Polarkreises im Nordpazifik, in Alaska oder in der Barentsee gefangen. Dann wiegen sie etwa 6 kg. Lebend kann man sie nur über kurze Strecken transportieren. Deshalb werden sie an Ort und Stelle direkt nach dem Fang verarbeitet. Ihr zartes Krebsfleisch ist als Konserve oder tiefgefroren eine mit Hummer und Languste vergleichbare Delikatesse.

Zubereitung

Königskrabben-Roulade

1 Krabbenfleisch in einem Sieb abtropfen lassen. In kleine Würfel schneiden und dabei sorgfältig alle Chitinstreifen entfernen.
2 Lachsfilet enthäuten und mit einer Fischpinzette eventuell vorhandene Gräten entfernen. Das Filet waagerecht in 4 dünne Scheiben teilen. Daraus 4 gleichmäßige Rechtecke schneiden. Die restlichen Lachsabschnitte (ca. 100 g) für die Farce beiseitestellen.
3 Gemüse putzen oder schälen und sehr fein würfeln. Dabei von der Zucchini nur die äußeren grünen Teile ohne die inneren wässrigen Kerne verwenden. Die Gemüsewürfel in leicht gesalzenem Wasser oder im Dünsteinsatz eines Topfes über Wasserdampf knapp bissfest garen. Eiskalt abschrecken und trocken tupfen.
4 Die Lachsabschnitte mit der Sahne im Tiefkühlfach 12 Minuten vorkühlen. Anschließend in den Mixer geben, salzen, pfeffern und pürieren. Dabei so viel eiskalte Sahne zufügen, bis eine feste, streichfähige Farce entsteht. Krabbenfleisch und Gemüsewürfel unter die Farce heben. Einige Gemüsewürfel für die Garnitur beiseitestellen.
5 Die Lachsscheiben auf Klarsichtfolie auslegen. Mit der Farce bestreichen und mithilfe der Folie fest aufrollen. Die Folienenden zusammendrehen und fest verschließen. Hierfür die kleinen Drahtverschlüsse von Tiefkühlbeuteln nutzen. Die Rouladen in ca. 90 °C heißem Wasser 15 Minuten unterhalb des Siedepunktes pochieren.

Lauchsauce

1 Lauch putzen, gründlich waschen und alle verwertbaren grünen Teile für die Sauce beiseitestellen.
2 Die weißen Teile der Lauchstangen in 3 cm lange Stücke schneiden. In leicht gesalzenem Wasser oder in einem Dämpfeinsatz eines Topfes über Wasserdampf bissfest garen.
3 Grüne Lauchteile grob zerkleinern. In einer Kasserolle Butter zerlassen und den Lauch darin hell andünsten. Mit Weißwein und Noilly Prat ablöschen. Fischfond zugeben und kurz aufkochen. Crème fraîche unterrühren und die Sauce sämig reduzieren.
4 Die Sauce mit dem Mixstab pürieren, durch ein feines Sieb passieren und mit Salz und Pfeffer abschmecken.

Fertigstellen und Anrichten

Lauchsauce und Lauchgemüse auf vorgewärmte Teller verteilen. Die Königskrabben-Lachs-Rouladen aus der Folie wickeln. Jeweils in 3 Stücke teilen und auf dem Saucenspiegel anrichten. Alles mit den restlichen Gemüsewürfeln und Basilikum garnieren.

Muscheln in Safransauce mit schwarzen Spaghetti

Zutaten *Für 4 Personen*

Schwarze Spaghetti
- 2 Eier
- 1 EL Olivenöl
- 15 g Sepiatinte im Beutel
- Salz
- 125 g Hartweizengrieß
- 125 g Weizenmehl Type 405

Muscheln
- 2 ½ kg Miesmuscheln mittlerer Größe
- 3 Schalotten
- 1 Möhre
- 50 g Butter
- 2 Lorbeerblätter
- 150 ml Weißwein
- Salz
- weißer Pfeffer

Safransauce
- 1 Schalotte
- 1 Knoblauchzehe
- 1 EL Butter
- 1 TL Mehl
- 100 ml Weißwein
- 150 g Crème fraîche
- 1 g Safranfäden
- Salz
- weißer Pfeffer

Außerdem
- Weizengrieß
- Butter
- Minze

Anmerkung
Verwenden Sie für den Nudelteig in Beuteln abgepackte Sepiatinte. Sie können aber auch die Tinte aus der Tintenblase eines frischen Sepia verwenden. Dafür den Tintenbeutel in ein kleines Sieb geben. Das Sieb auf ein Tellerchen in 3 EL Wasser oder Weißwein setzen. Nun mit einem Holzlöffel kräftig durcharbeiten, bis die Flüssigkeit für die Weiterverarbeitung tiefschwarz ist. Sepiatinte als Färbemittel ist nahezu neutral im Geschmack. Sie bleibt beim Kochen in der Pasta und färbt nicht das Kochwasser.

Zubereitung

Schwarze Spaghetti
1 Eier mit dem Olivenöl, Sepiatinte und ⅓ TL Salz verrühren, bis sich die Tinte vollständig vermischt hat. Beide Sorten Mehl zusammen auf die Arbeitsfläche sieben. In die Mitte eine Mulde drücken. Die Eimasse zufügen und mit einer Gabel langsam mit etwas Mehl vom Rand verrühren. Sobald die Mischung dickflüssig ist, mit den Händen weiterarbeiten. Nach und nach so viel Mehl einarbeiten, bis der Teig fest und geschmeidig ist. Den fertigen Nudelteig in Klarsichtfolie einschlagen und 1 Stunde kühl ruhen lassen.

2 Anschließend den Teig portionsweise mit der Nudelmaschine bei weitester Walzenbreite durcharbeiten. Alles wieder zur Kugel formen und nochmals 1 Stunde in Folie eingeschlagen ruhen lassen.

3 Den Teig halbieren und mit der Nudelmaschine in mehreren Durchgängen zu dünnen Bahnen ausrollen. Dabei jedes Mal die Walzen eine Stufe enger stellen, bis der Teig die gewünschte Stärke hat. Die fertigen Teigbahnen antrocknen lassen. Dann mit dem entsprechenden Vorsatz zu Spaghetti schneiden.

4 Die Spaghetti auf einem mit Weizengrieß bestreuten Blech zugedeckt bis zur Weiterverarbeitung trocknen lassen.

Muscheln
1 Muscheln unter fließendem Wasser mit einer harten Bürste gründlich reinigen. Schalotten und die Möhre schälen und beides fein würfeln.

2 In einem Topf Butter aufschäumen. Die Schalotten- und Möhrenwürfel darin hell andünsten. Muscheln, Lorbeerblätter und Weißwein zufügen. Mit Salz und Pfeffer würzen und zugedeckt kräftig erhitzen. Dabei mehrmals den Topf rütteln, damit die Muscheln sich besser öffnen. Sobald sich alle Muscheln geöffnet haben, den Topf vom Herd nehmen.

3 Das Muschelfleisch aus den Schalen lösen. Noch fest geschlossene Muscheln wegwerfen. Das Muschelfleisch zugedeckt warm halten. Ein Sieb mit einem 4-fach gefalteten Küchentuch (besser Passiertuch) auslegen. Den Muschelsud ohne Bodensatz passieren und 150 ml für die Sauce abmessen.

Safransauce
1 Schalotte und Knoblauch schälen, fein würfeln und in Butter hell andünsten. Das Mehl mit dem Schneebesen einrühren. Weißwein, Crème fraîche und den Muschelsud zufügen. In 10 Minuten zu einer sämigen Sauce einkochen.

2 Die Sauce durch ein feines Sieb passieren. Safranfäden zufügen und weitere 5 Minuten bei schwacher Hitze sanft köcheln lassen.

3 Muscheln in der Sauce erwärmen und mit Salz und Pfeffer abschmecken.

Fertigstellen und Anrichten
Die schwarzen Spaghetti in Salzwasser (10 g/Liter) in 4 bis 5 Minuten al dente kochen, abgießen und feucht halten. Sofort mit ein wenig Butter mischen. Mit den Muscheln und der Safransauce auf vorgewärmten Tellern anrichten und mit etwas Minze garnieren.

Schnell & einfach
Es gibt natürlich auch vorzügliche fertige schwarze Nudeln.

Meeresfrüchte in San-Marzano-Sauce mit Taglierini

Zutaten *Für 4 Personen*

Taglierini (feine Bandnudeln)
200 g Mehl
2 Eier
Salz
1 EL Olivenöl

Meeresfrüchte
400 g Miesmuscheln
200 g Vongole (Venusmuscheln)
2 Schalotten
1 Möhre
2 EL Butter
2 Lorbeerblätter
150 ml Weißwein
Salz, Pfeffer
150 g Garnelenschwänze, geschält

San-Marzano-Sauce
1 Zwiebel
2 EL Olivenöl
400 g San-Marzano-Tomaten (Dose)
1 TL Zucker
Saft von ½ Zitrone
2 Knoblauchzehen
Salz, Pfeffer

Außerdem
Weizengrieß
glatte Petersilie

Zubereitung

Taglierini
1 Das Mehl auf eine Arbeitsfläche sieben und eine Mulde hineindrücken. Die Eier mit ⅓ TL Salz und dem Olivenöl zufügen und mit der Gabel mischen. Nach und nach dabei etwas Mehl vom Rand einarbeiten, bis ein streuselähnlicher Vorteig entsteht. Nun alles mit den Händen zu einem glatten, geschmeidigen Teig verkneten. Sollte der Teig zu fest werden, noch 1 EL Wasser einarbeiten. Zur Kugel formen, in Folie einschlagen und 1 Stunde ruhen lassen.
2 Den Teig in Portionen teilen und mit der Nudelmaschine in mehreren Durchgängen zu Bahnen ausrollen. Dabei die Walzen immer enger stellen, bis der Teig etwa 1 bis 0,5 mm dünn ist.
3 Die fertigen Teigbahnen anschließend etwas antrocknen lassen und dann mit dem Schneidvorsatz in 2 bis 3 mm feine Taglierini schneiden. Die fertigen Nudeln auf einem mit Weizengrieß bestreuten Blech zugedeckt bis zur Weiterverarbeitung trocknen lassen.

Meeresfrüchte
1 Beide Muschelarten unter fließendem Wasser mit einer harten Bürste gründlich reinigen. Die Schalotten und die Möhre schälen und beides fein würfeln.
2 Butter in einem Topf aufschäumen. Die Schalotten- und Möhrenwürfel darin hell andünsten. Muscheln, Lorbeerblätter und Weißwein zufügen. Mit Salz und Pfeffer würzen und auf großer Flamme zugedeckt erhitzen. Den Topf mehrmals rütteln, damit sich die Muscheln besser öffnen. Sobald alle Muscheln aufgegangen sind, den Topf vom Herd nehmen.
3 Muschelfleisch aus den Schalen lösen und zugedeckt warm halten. Noch fest verschlossene Muscheln wegwerfen. Einige ausgelöste Muschelschalen für die Dekoration aufbewahren. Ein Sieb mit einem vierfach gefalteten Küchentuch (besser Passiertuch) auslegen. Den Kochsud ohne den Bodensatz in eine Kasserolle passieren.
4 Die Garnelen in den passierten Muschelsud geben und einmal aufkochen. Das ausgelöste Muschelfleisch sowie einige Muschelschalen zufügen und bis zur Weiterverarbeitung beiseitestellen.

San-Marzano-Sauce
1 Die Zwiebel schälen, fein hacken und in Öl glasig dünsten. San-Marzano-Tomaten, Zucker und Zitronensaft zufügen. Knoblauch schälen, pressen und in der Sauce 5 Minuten köcheln lassen.
2 Mit Salz und Pfeffer abschmecken und mit dem Mixstab pürieren.

Fertigstellen und Anrichten
Meeresfrüchte im Sud mit der Tomatensauce mischen und warm halten. Die Taglierini in Salzwasser (10 g/Liter) in etwa 4 bis 5 Minuten al dente kochen. Abgießen und abtropfen lassen. San-Marzano-Sauce sofort mit den Taglierini mischen. In vorgewärmten Tellern anrichten und mit etwas Petersilie garnieren.

Hagen Grote®
pour le gourmet
Pomodoro
San Marzano
dell'agro Sarnese
Nocerino DOP
RAVIDA
Azienda Agricola
dal 1773
0,75 e

Gratinierte Austern

Zutaten *Für 4 Personen*

Austern
- 12 frische Austern
- grobes Salz
- 100 g Butter
- 2 Schalotten
- 200 ml Champagner
- 2 Eigelbe
- Salz, Pfeffer
- Zitronensaft

Ausserdem
- Forellen- oder Lachskaviar
- glatte Petersilienblättchen

Anmerkung
Meiden Sie Austern in den Monaten ohne „r". Von Mai bis August ist die Zeit ihrer Vermehrung. In dieser Periode des Ablaichens verändert sich ihr Geschmack nachteilig. Sommerliche Temperaturen erschweren im Übrigen das Frischhalten. Kaufen Sie nur Austern, die absolut fest verschlossen sind. Nehmen Sie keinesfalls auch nur ganz leicht geöffnete Austern (großes Vergiftungsrisiko). Bei der Lagerung und beim Transport sollten Sie die Austern mit einem feuchten Tuch bedecken, aber nie in Wasser legen. Der gewölbte Schalenteil muss dabei immer nach unten zeigen. Im Kühlschrank halten sich Austern bis zu einer Woche. Wenn Sie nicht sicher sind, wie lange die Austern beim Kauf schon lagerten, sollten sie so schnell wie möglich verbraucht werden.

Zubereitung

Austern öffnen
1 Austern unter fließendem Wasser abspülen und mit einem Tuch trocknen. Eine Auster mit einem doppelt gefalteten Küchentuch mit der gewölbten Schalenhälfte nach unten in die Hand nehmen.
2 Mit der anderen Hand das Austernmesser am Scharnier zwischen die Schalen schieben. Beide Schalenhälften durch eine kräftige Drehung des Messers auseinanderbrechen. Mit dem Messer innen am oberen Schalenrand entlangfahren, um den Schließmuskel zu lösen. Die obere Schalenhälfte wegwerfen.

Austern gratinieren
1 Das Austernfleisch auslösen und mit der Austernflüssigkeit in eine Schüssel geben. Die unteren Schalenhälften waschen und trocknen. Auf ofenfesten Tellern je 3 Austernschalen auf ein Bett aus grobem Salz setzen, damit sie nicht kippen.
2 Butter solange erhitzen, bis sich die milchige Molke am Boden absetzt. Die geklärte Butter von der Molke abgießen und lauwarm abkühlen lassen. Schalotten schälen und sehr fein hacken. Champagner und fein gehackte Schalotten zusammen aufkochen. Die Flüssigkeit auf 1 EL reduzieren und vom Herd nehmen.
3 Austernflüssigkeit und Eigelbe zum reduzierten Champagner geben und in 3 Minuten schaumig aufschlagen. Dann die lauwarme Butter mit dem Schneebesen untermontieren. Mit Salz, Pfeffer und Zitronensaft abschmecken.
4 Das Austernfleisch in die vorbereiteten Schalen setzen und mit der Sauce überziehen. Austern im vorgeheizten Ofen bei 180 °C und zugeschaltetem Grill goldgelb überbacken.

Fertigstellen und Anrichten
Die gratinierten Austern aus dem Ofen nehmen und mit 1 Löffel Kaviar und etwas Petersilie garniert servieren.

JAKOBSMUSCHELN MIT KAVIAR-SCHAUMSAUCE AUF ROTE-BETE-RISOTTO

ZUTATEN *Für 4 Personen*

ROTE-BETE-RISOTTO
- 2 Schalotten
- 3 EL Olivenöl
- 2 Tassen Risottoreis (300 g)
- ½ Glas Portwein
- ½ Glas Weißwein
- 400 ml heißer Geflügelfond
- 400 ml heißer Rote-Bete-Saft (Fertigprodukt oder aus frischen Roten Beten im Entsafter hergestellt)
- 40 g Butter, gewürfelt
- Salz, Cayennepfeffer

JAKOBSMUSCHELN
- 8 frische Jakobsmuscheln
- 1 Glas Weißwein
- 1 Lorbeerblatt
- Salz, Pfeffer

KAVIAR-SCHAUMSAUCE
- 100 g Butter
- 80 ml Weißwein
- 3 Eigelbe
- Salz, Pfeffer
- 4 EL Forellen- oder Lachskaviar

ANMERKUNG
Da Kaviar bei Temperaturen über 45 °C an Geschmack verliert, darf die Sauce nicht zu heiß sein. Eine gute Alternative für die Saucenzubereitung mit Kaviar ist deshalb der sogenannte Edelfisch-Surimi-Kaviar, der höher erhitzt werden darf.

ZUBEREITUNG

ROTE-BETE-RISOTTO
1 Schalotten schälen und fein hacken. In einem Topf das Olivenöl erhitzen und die Schalotten darin hell andünsten. Den Reis hinzugeben und unter Rühren glasig werden lassen.

2 Mit Port- und Weißwein ablöschen. Sobald der Wein verdampft ist, unter Rühren nach und nach erst den heißen Geflügelfond, dann den erhitzten Rote-Bete-Saft zufügen. Den Risotto 18 Minuten köcheln lassen. Dabei gelegentlich umrühren, damit nichts ansetzt. Er sollte nun eine flüssig-cremige Konsistenz haben. Falls er zu trocken wird, noch ein wenig Geflügelfond zufügen.

3 Anschließend die Butterwürfel unter den Reis heben. Den Topf vom Herd nehmen und den Risotto mit Salz und Cayennepfeffer abschmecken. Noch 5 Minuten zugedeckt neben dem Herd ruhen lassen.

JAKOBSMUSCHELN
1 Die Jakobsmuscheln mit der gewölbten Seite nach unten einige Sekunden in eine heiße Pfanne legen. Sobald sich die Schalen öffnen, mit dem Messer innen an der flachen Seite entlangschneiden. Dabei den Muskel von der Schale trennen und den Deckel abheben. Das Muschelfleisch mit dem Messer ebenfalls von der unteren Schale lösen. Die Häutchen und den faserigen Rand der Muschel entfernen. Die ausgelösten Muscheln unter fließendem Wasser gut säubern, dann den orangeroten Corail abtrennen.

2 In einem Topf Weißwein mit 250 ml Wasser, dem Lorbeerblatt und 1 Prise Salz aufkochen. Den Topf vom Herd nehmen und das Muschelfleisch und den Corail einlegen. Neben dem Feuer 2 bis 3 Minuten im Sud unterhalb des Siedepunktes pochieren. Muschelfleisch und Corail herausnehmen und mit Küchenpapier trocken tupfen.

3 Die pochierten Jakobsmuscheln quer in etwa 5 mm dicke Scheibchen schneiden, den Corail ganz lassen. Mit Salz und Pfeffer würzen.

KAVIAR-SCHAUMSAUCE
1 Butter in einem kleinen Topf zerlassen. Weißwein mit den Eigelben in einen Metallrührkessel geben und über dem heißen Wasserbad (90 °C) mit dem Schneebesen cremig aufschlagen.

2 Die erwärmte Butter tropfenweise mit dem Schneebesen einarbeiten. Sobald die ganze Butter zu einer schönen, cremigen Sauce verarbeitet ist, etwas abkühlen lassen und mit Salz und Pfeffer abschmecken.

3 Den Kaviar vorsichtig unter die nur noch warme (nicht über 45 °C) Sauce heben.

Fertigstellen und Anrichten
Rote-Bete-Risotto auf vorgewärmte Teller verteilen. Die Jakobsmuschelscheiben und den Corail darauf anrichten und alles mit der Kaviar-Schaumsauce übergießen.

LE CREUSET
LE CREUSET

Jakobsmuscheln mit Teltower-Rübchen-Püree und Noilly-Prat-Buttersauce

Zutaten *Für 4 Personen*

Teltower-Rübchen-Püree

800 g Teltower Rübchen
100 g Butter
Salz
ca. 150 g Kartoffelpüree

Jakobsmuscheln

8 frische Jakobsmuscheln
1 Ei
Paniermehl
Salz, Pfeffer
Mehl
Traubenkernöl

Noilly-Prat-Buttersauce (Beurre blanc)

2 Schalotten
50 ml Noilly Prat
50 ml Weißwein
150 g kalte Butter, in Stücken
Salz, Pfeffer

Außerdem

Kräuterblättchen
rosa Pfeffer

Zubereitung

Teltower-Rübchen-Püree

1 Die Rübchen schälen und in etwa 4 cm lange Stücke schneiden. In einem flachen Topf 70 g Butter zerlassen, die Rübenstücke darin hell andünsten und salzen.
2 Die Rübchen knapp mit Wasser bedecken und in 15 bis 20 Minuten weich köcheln (Garprobe machen).
3 Noch vorhandene Flüssigkeit abgießen. Die restliche Butter zufügen, mit dem Mixstab fein pürieren und durch ein Sieb streichen. Dann das Rübenpüree zur Bindung zu ⅓ seiner Menge mit Kartoffelpüree mischen.

Jakobsmuscheln

1 Jakobsmuscheln mit der gewölbten Seite nach unten für einige Sekunden in eine heiße Pfanne legen. Sobald sich die Schalen etwas öffnen, die Muscheln herausnehmen und mit dem Messer an der flachen Seite entlangfahren. Dadurch den Muskel abtrennen, dann den Deckel abheben. Muschelfleisch und Corail von der unteren Schalenhälfte lösen. Alle Häutchen und den faserigen Rand entfernen. Die ausgelösten Muscheln unter fließendem Wasser gut säubern.
2 Die Muscheln trocken tupfen, sehr große Exemplare flach halbieren. Das Ei in einem tiefen Teller verquirlen, Paniermehl auf einen zweiten tiefen Teller geben. Die Muscheln mit Salz und Pfeffer würzen und in Mehl wenden. Dann zuerst durch das Ei ziehen, anschließend im Paniermehl wälzen. In einer Pfanne reichlich Traubenkernöl erhitzen und die Jakobsmuscheln darin in 2 Minuten goldbraun ausbacken. Herausnehmen, auf Küchenpapier abtropfen lassen und warm halten.

Zubereitung

Noilly-Prat-Buttersauce (Beurre blanc)

1 Schalotten schälen und fein hacken. Noilly Prat, Weißwein und Schalotten in eine Kasserolle geben und die Flüssigkeit bis auf 3 EL einkochen. Die Reduktion durch ein feines Sieb passieren und die Schalottenwürfel dabei gut ausdrücken.
2 Erst kurz vor dem Servieren nach und nach die eiskalten Butterstückchen mit dem Schneebesen in die Reduktion einarbeiten, bis die Sauce schön cremig ist. Die Noilly-Prat-Buttersauce mit Salz und Pfeffer abschmecken. Nun nicht mehr stark erhitzen, sonst fällt die Sauce auseinander und die Butter setzt sich ab.

Fertigstellen und Anrichten

Jakobsmuscheln mit dem Püree auf vorgewärmten Tellern anrichten. Die Noilly-Prat-Buttersauce nur leicht erwärmen und mit dem Pürierstab schaumig aufschlagen. Die panierten Jakobsmuscheln damit umgießen. Das Teltower-Rübchen-Püree mit Kräuterblättchen und rosa Pfeffer garnieren.

Schnell & einfach

Teltower Rübchen mit ihrem besonderen Aroma sind geschmacklich ein wunderbarer Kontrast zu den Jakobsmuscheln. Allerdings sind echte Teltower Rübchen kaum zu bekommen. Ersetzen lassen sie sich durch „navets“ genannte kleine französische Rübchen. Sie sind weiß- oder gelbfleischig, länglich oder rund und werden, wie im Rezept für Teltower Rübchen angegeben, zubereitet.

Jakobsmuscheln in Pistazienpanade auf Schokoladenschaum

Zutaten *Für 4 Personen*

Jakobsmuscheln

- 12 frische Jakobsmuscheln
- 6 Scheiben Parmaschinken, längs halbiert
- 1 Ei, etwas Mehl
- 50 g Pistazienkerne
- 1 EL Olivenöl
- 1 EL Butter

Schokoladenschaum

- 1 Schalotte
- 2 EL Butter
- 50 ml Noilly Prat
- 200 ml Fischfond
- 150 g Crème fraîche
- 15 g dunkle Schokolade, z. B. Valrhona, gerieben
- Salz
- Cayennepfeffer

Ausserdem

- Holzspießchen (Zahnstocher)
- Pistazienkerne

Zubereitung

Jakobsmuscheln

1 Jakobsmuscheln mit der gewölbten Seite nach unten für einige Sekunden in eine heiße Pfanne legen. Sobald sich die Schalen öffnen, die Muscheln herausnehmen und mit dem Messer an der flachen Seite entlangfahren. Dabei den Muskel abtrennen und den Deckel abheben. Muschelfleisch und Corail von der unteren Schalenhälfte lösen. Alle Häutchen und den faserigen Rand der Muschel entfernen. Die ausgelösten Muscheln unter fließendem Wasser gut säubern und mit Küchenpapier trocken tupfen. Die Muschelreste und den orangefarbenen Corail (Rogen) für die Sauce aufbewahren.

2 Das weiße Muschelfleisch jeweils seitlich mit einem entsprechend großen Streifen Parmaschinken umwickeln und diesen mit einem Holzspießchen feststecken.

3 Ei in einem tiefen Teller verquirlen. Mehl auf einen zweiten Teller geben. Die Pistazien nicht zu fein hacken. In einer Pfanne Olivenöl und Butter erhitzen. Die Jakobsmuscheln darin nur auf einer Seite knapp 1 Minute braten und sofort aus der Pfanne nehmen.

4 Die rohe Seite der Muscheln mit Mehl einstäuben. Durch das verquirlte Ei ziehen und mit gehackten Pistazien panieren. Nun die Muscheln auf der panierten Seite ebenfalls knapp 1 Minute braten.

Schokoladenschaum

1 Die Schalotte schälen und fein hacken. In einer Kasserolle Butter aufschäumen und die Muschelabschnitte, den Corail und die Schalottenwürfel darin hell andünsten. Mit Noilly Prat ablöschen. Den Fischfond zufügen, die Flüssigkeit etwas reduzieren und die Sauce durch ein feines Sieb passieren.

2 Crème fraîche unterrühren und die Sauce erneut erhitzen. Die geriebene dunkle Schokolade mit dem Schneebesen einrühren und schmelzen. Mit Salz und 1 Prise Cayennepfeffer würzen.

Fertigstellen und Anrichten

Die Sauce kurz vor dem Servieren mit dem Pürierstab aufschäumen. Jakobsmuscheln mit der panierten Seite nach oben auf vorgewärmten Tellern anrichten. Mit dem Schokoladenschaum umgießen und alles mit ein paar Pistazien garnieren.

NOILLY PRAT & Cie
DEPUIS
1813
VIEILLI EN FÛTS DE CHÊNE
AGED IN OAK CASKS
VERMOUTH
e 750ML
ORIGINAL FRENCH DRY

Sepia-Meeresfrüchte-Ragout mit Gemüse

Zutaten *Für 4 Personen*

Sepia-Meeresfrüchte-Ragout

2 küchenfertige Sepien
200 g Lachsfilet
12 Garnelenschwänze
2 EL Olivenöl
200 ml Fischfond
1 Lorbeerblatt
1 g Safranfäden
Salz, Pfeffer

Gemüse

2 festkochende Kartoffeln
2 rote und 1 grüne Paprikaschote
1 Bund Lauchzwiebeln
3 Knoblauchzehen
3 EL Olivenöl
Salz, Pfeffer

Ausserdem

Zitronensaft, Petersilie

Zubereitung

Sepia-Meeresfrüchte-Ragout

1 Jeden Sepia gründlich waschen und den Kopf mit den Fangarmen vom Körper trennen. Den Kopf hinter den Fangarmen abschneiden. Aus der Mitte der Fangarme den Schnabel herausdrücken. Kopf und Schnabel wegwerfen. Die Fangarme unter fließendem Wasser kräftig abreiben, um die winzigen Chitinplättchen der Saugnäpfe abzustreifen. Dann den Chitinschild aus dem Körper entfernen und ebenfalls wegwerfen. Die Sepien waschen, längs halbieren und beide Hälften quer in knapp 1 cm breite Streifen schneiden. Die Fangarme voneinander trennen und alles kühl stellen.

2 Das Lachsfilet von Haut und eventuell noch vorhandenen Gräten befreien. In etwa 2 cm große Würfel schneiden. Garnelenschwänze schälen und den Darm aus dem Rücken lösen. Lachswürfel und Garnelenschwänze ebenfalls kühl stellen.

3 In einer Pfanne das Olivenöl erhitzen. Sepiastreifen und Fangärmchen darin kräftig anbraten. Die dabei austretende Flüssigkeit auf großer Flamme einkochen. Sobald die Sepiastreifen ganz trocken sind, den Fischfond und das Lorbeerblatt zufügen. Bei verringerter Hitze in etwa 20 bis 30 Minuten weich kochen (Garprobe machen). Falls der Fischfond zu schnell verkocht, noch Wasser zufügen.

4 Sobald das Sepiafleisch zart ist, die Safranfäden zugeben. Weitere 3 Minuten köcheln lassen. Die Flüssigkeit sollte jetzt sirupartig eingekocht sein. Nun die Lachswürfel zufügen und unter gelegentlichem Schwenken 3 bis 4 Minuten mitgaren. Die Garnelenschwänze zugeben und einige Minuten mitbraten. Das Ragout mit Salz und Pfeffer würzen.

Gemüse

1 Kartoffeln schälen, erst in Scheiben, dann in Stifte schneiden. Die Paprikaschoten erst längs halbieren und dann vierteln. Samen, Stielansatz und Scheidewände entfernen. Nun die Viertel quer in dünne Streifen schneiden. Lauchzwiebeln putzen und schräg in 3 cm lange Stücke teilen. Knoblauch abziehen und in feine Scheiben schneiden.

2 In einer beschichteten Pfanne das Olivenöl erhitzen und die Paprikastreifen mit den Kartoffelstiften darin leicht bräunen. Sobald Kartoffeln und Paprika knapp gar sind, die Lauchzwiebeln zufügen und 2 Minuten mitbraten. Knoblauch zum Gemüse geben und weitere 2 Minuten garen. Mit Salz und Pfeffer abschmecken.

Fertigstellen und Anrichten

Das Sepia-Meeresfrüchte-Ragout vorsichtig mit dem Gemüse mischen. Auf vorgewärmte Teller verteilen. Alles mit etwas Zitronensaft beträufeln und mit Petersilienblättchen garnieren.

Tintenfischröllchen mit Koriander-Pesto auf Kichererbsenpüree

Zutaten *Für 4 Personen*

Kalmar

8 kleine oder 4 große Kalmare
Olivenöl
Salz, Pfeffer
Saft von ½ Zitrone
200 ml Fischfond

Koriander-Pesto

1 Bund Koriandergrün
2 Knoblauchzehen
100 g frische Mandelkerne, gehäutet
100 ml Olivenöl
50 g frisch geriebener Pecorino
Salz, Pfeffer

Kichererbsenpüree

300 g Kichererbsen (aus dem Glas)
2 Knoblauchzehen
100 ml Weißwein
100 ml Geflügelfond
½ kleine Chilischote
1 Lorbeerblatt
30 g Butter
Salz, Pfeffer
je ½ rote und gelbe Paprikaschote, geputzt und fein gewürfelt
einige Korianderblättchen

Zubereitung

Kalmar

1 Die Kalmare ausnehmen und waschen. Fangarme vom Kopf abtrennen aber zusammenhängen lassen. Den harten Schnabel aus der Mitte der Fangärmchen herausdrücken und wegwerfen.

2 Die Körper der Kalmare einmal längs durchschneiden und auf diese Weise in zwei flache Dreiecke teilen. Die Innenhaut jeweils mit einem scharfen Messer rautenförmig im Abstand von 5 mm einritzen. Durch diese Vorbereitung rollen sich die Dreiecke beim Braten zusammen und auf der Oberfläche entsteht ein schönes Muster.

3 In einer Pfanne das Öl erhitzen. Die Fangärmchen und Kalmardreiecke 1 Minute kräftig anbraten, bis sich die Dreiecke aufrollen.

4 Mit Salz, Pfeffer und Zitronensaft würzen. Den Fischfond angießen und die Kalmare etwa 10 Minuten zugedeckt bei schwacher Hitze köcheln lassen.

Anmerkung

Wenn keine geschälten frischen Mandeln zur Hand sind, auf handelsübliche ungeschälte Mandeln zurückgreifen. Die Mandeln etwa 30 Sekunden in kochendem Wasser blanchieren, abgießen, kurz abtropfen lassen und die Kerne aus der braunen Innenhaut drücken.

Anmerkung

Auf Deutsch wird der schlanke Kalmar auch Tintenfisch genannt, was zu Verwechslungen mit dem rundlichen Sepia (Namensgeber der Sepia-Tinte) führen kann. In den meisten europäischen Sprachen heißt er mit kleinsten Abweichungen in der Schreibweise immer Calmar. Sein Körper ist Lieferant der in Spanien als „calamares a la romana" allgegenwärtigen ausgebackenen Ringe. Besonders zart werden sie, wenn sie vorher tiefgekühlt waren. Man wendet sie in Mehl, zieht sie durch verschlagenes Ei und frittiert sie dann etwa 3 Minuten in einer Pfanne mit reichlich Olivenöl. Im Gegensatz zu Zubereitungen mit kurzer Garzeit (grillen, frittieren, braten) benötigt Kalmar beim Schmoren viel Zeit – je nach Größe können es 20 bis 40 Minuten sein. Als Sushi oder Sashimi kann er topfrisch sogar roh verzehrt werden. Eine Besonderheit sind Baby-Kalmare. Es handelt sich dabei nicht um Jungtiere, sondern eine Unterart der Gattung. In Spanien heißen sie „chipirones". Frittiert sind sie eine köstliche Tapa. Etwas exotisch, jedoch ebenso gut sind sie in einer Sauce, die aus der eigenen Tinte zubereitet wird („chipirones en su tinta").

Koriander-Pesto

1 Koriandergrün waschen, trocknen und den Knoblauch abziehen.

2 Die Mandeln zusammen mit dem Koriandergrün, Knoblauch und Olivenöl im Mixer fein pürieren. Anschließend den geriebenen Pecorino unterheben und mit Salz und Pfeffer abschmecken.

Kichererbsenpüree

1 Kichererbsen in einem Sieb abspülen und abtropfen lassen. Knoblauch abziehen und pressen. Die Kichererbsen mit Weißwein, Geflügelfond, Knoblauch, Chilischote und Lorbeerblatt köcheln lassen, bis die Flüssigkeit verdampft ist. Chilischote und Lorbeerblatt entfernen.

2 Kichererbsen und Butter mit der Gabel zu Mus zerdrücken und mit Salz und Pfeffer abschmecken. Die Paprikawürfel bissfest dämpfen und unter das Kichererbsenpüree heben.

Fertigstellen und Anrichten

Das Kichererbsenpüree auf Teller verteilen. Die Kalmar-Röllchen und die Fangarme darauf anrichten und mit Koriander-Pesto beträufeln. Mit einigen Korianderblättchen garnieren.

GEFÜLLTER KALMAR IN MALLORQUINER SAUCE

ZUTATEN *Für 4 Personen*

KALMAR
8 kleine oder 4 große Kalmare
1 Zwiebel
2 Knoblauchzehen
1 Scheibe altbackenes Toastbrot ohne Rinde
½ Bund glatte Petersilie
1 Ei
etwas Majoran
mildes Paprikapulver
Salz, Pfeffer
Holzspießchen (Zahnstocher)

MALLORQUINER SAUCE
1 Zwiebel
2 EL Olivenöl
3 Tomaten
2 Knoblauchzehen
200 ml Fischfond
1 Glas Weißwein
2 EL Rosinen
2 EL Pinienkerne
1 Lorbeerblatt
Salz, Pfeffer

GEMÜSE
2 große festkochende Kartoffeln
2 Stiele Mangold
4 Frühlingszwiebeln
2 Knoblauchzehen
3 EL Olivenöl
2 EL Pinienkerne
2 EL Rosinen
1 Glas Weißwein
mildes Paprikapulver
Salz, Pfeffer
2 große Tomaten

AUSSERDEM
Rosmarin- und Thymian-Zweige
glatte Petersilie

ZUBEREITUNG

KALMAR
1 Fangarme und Körper der Kalmare voneinander trennen. Den Körper ausnehmen, häuten und waschen. Fangarme vom Kopf und harten Schnabel befreien.
2 Für die Füllung die Fangarme in feine Würfel schneiden. Die Zwiebel schälen, fein hacken und den Knoblauch pressen. Toastbrot durch einen Metallseiher zum sogenannten „mie de pain" fein reiben. Petersilie waschen, trocknen und die Blättchen fein hacken.
3 Alle Zutaten gut mischen und mit Majoran, Paprikapulver, Salz und Pfeffer würzen.
4 Die Masse in die Kalmarkörper füllen und mit Holzspießchen verschließen.

MALLORQUINER SAUCE
1 Zwiebel schälen und würfeln. Olivenöl in einer Pfanne erhitzen und die Zwiebelwürfel darin glasig dünsten. Tomaten waschen, vom Stielansatz befreien und auf der gegenüberliegenden Seite kreuzweise einritzen. Einzeln in kochendem Wasser 10 Sekunden blanchieren. Tomaten häuten, vierteln und entkernen. Die Tomatenrückstände in einem Sieb mit der Rückseite einer Schöpfkelle kräftig ausdrücken und den Saft auffangen.
2 Das Tomatenfleisch würfeln und mit dem aufgefangenen Saft zu den Zwiebeln geben. Knoblauch abziehen, pressen und mit Fischfond, Weißwein, Rosinen, Pinienkernen und Lorbeerblatt hinzufügen. Bei schwacher Hitze solange köcheln, bis die Tomatenwürfel zerfallen.
3 Sauce zu den gefüllten Tintenfischen in einen Topf geben und zugedeckt 25 Minuten bei schwacher Hitze schmoren. Die Kalmare sollen ganz weich sein (Garprobe machen). Bei Bedarf noch etwas Wasser zufügen. Die Sauce mit Salz und Pfeffer abschmecken.

GEMÜSE
1 Kartoffeln gar kochen, pellen und in gleichmäßig dicke Scheiben schneiden.
2 Mangold waschen und die Blätter von den Stielen trennen. Stiele von den Fäden befreien und klein würfeln. Das Blattgrün in dünne Streifen schneiden. Die Frühlingszwiebeln putzen und in etwa 1 cm große Röllchen teilen. Knoblauch abziehen und in feine Scheiben schneiden.
3 In einer Pfanne 2 EL Olivenöl erhitzen. Mangold, Frühlingszwiebeln, Pinienkerne, Rosinen und Knoblauch darin hell andünsten. Mit dem Weißwein ablöschen und das Gemüse zugedeckt bei schwacher Hitze köcheln lassen, bis der Mangold bissfest gar ist. Mit Paprikapulver, Salz und Pfeffer würzen.
4 Die Tomaten vom Stielansatz befreien und auf der gegenüberliegenden Seite kreuzweise einritzen. Einzeln in kochendem Wasser 10 Sekunden blanchieren. Die Tomaten häuten und quer in Scheiben schneiden. In einer Pfanne das restliche Olivenöl erhitzen und die Tomatenscheiben darin von beiden Seiten ganz kurz andünsten.
5 Zum Schluss abwechselnd Kartoffelscheiben, Tomatenscheiben und eine dünne Lage Mangold zu einem Türmchen aufschichten.

Fertigstellen und Anrichten
Das Lorbeerblatt entfernen und die Mallorquiner Sauce auf vorgewärmte Teller verteilen. Die gefüllten Kalmare auf der Sauce anrichten und die Holzspießchen entfernen. Gemüsetürmchen und restliches Mangoldgemüse daneben anrichten. Jeweils mit einem Zweig Thymian und Rosmarin garnieren. Mit ein paar Blättchen Petersilie bestreuen.

Oktopus-Carpaccio auf Guacamole

Zutaten *Für 4 Personen*

Oktopus-Carpaccio
1 Oktopus, etwa 600-800 g
Salz
2 Lorbeerblätter
Saft von 1 Zitrone

Guacamole
1 reife Avocado
1 Bund Koriandergrün
Salz, Pfeffer
2 EL Olivenöl
1 EL Agrimetto (Zitronen-Olivenöl)
1 EL Zitronensaft
1 TL Zucker
1 TL grüner Senf

Ausserdem
1 halbrunde Dachrinnen-Terrinenform
pikantes Paprikapulver
glatte Petersilie

Zubereitung

Oktopus-Carpaccio
1 Den Oktopus in 2 l Salzwasser (10 g /Liter) mit Lorbeerblättern und Zitronensaft kalt aufsetzen. Zum Kochen bringen und in etwa 60 Minuten weich kochen (Garprobe durch Einstechen machen). Im Kochsud abkühlen lassen.
2 Den Kopf und aus der Mitte der Fangarme den Schnabel entfernen. Noch zusammenhängende Fangarme vereinzeln. Den Körper in 1 cm breite Streifen schneiden.
3 Alle Oktopusteile in Klarsichtfolie fest zu einer Rolle zusammendrehen. Falls vorhanden, in eine runde Dachrinnenform drücken. Den Inhalt der Form mit einem Gewicht beschweren. Die Rolle über Nacht in der Form im Kühlschrank fest werden lassen.

Guacamole
1 Die Avocado halbieren und den Kern entfernen. Das Fruchtfleisch mit einem Löffel auslösen. Koriandergrün waschen, trocknen und die Blättchen abzupfen.
2 Das Fruchtfleisch der Avocado mit einer Gabel nicht zu fein zerdrücken. Mit Salz und Pfeffer würzen. Korianderblättchen mit Olivenöl, Agrimetto, Zitronensaft, Zucker und Senf im Mixer pürieren. Anschließend unter das Avocadopüree rühren.

Fertigstellen und Anrichten
Guacamole als Rechteck auf Teller streichen. Die Oktopusrolle mit einem scharfen Messer, der Aufschnittmaschine oder mit dem Elektromesser in möglichst dünne Scheiben schneiden. Dachziegelartig auf der Guacamole zu einem schönen Muster anordnen. Das Oktopus-Carpaccio leicht mit pikantem Paprikapulver bestreuen. Etwas Olivenöl darüberträufeln und mit Petersilienblättchen garnieren.

Limone

Oktopus Galicische Art auf Grillgemüse

Zutaten *Für 4 Personen*

Oktopus Galicische Art

1 Oktopus, etwa 600-800 g
Salz
2 Lorbeerblätter
Saft von 1 Zitrone

Grillgemüse

junges Gemüse nach
Marktangebot, etwa
1 rote und 1 gelbe Paprikaschote
2 grüne spitze Paprikaschoten
2 Zucchini
1 Aubergine
8 Lauchzwiebeln
4 Stangen grüner Spargel
2 Artischocken
Saft von ½ Zitrone
4 große Champignons
2 Knoblauchzehen
Olivenöl

Ausserdem

Fleur de Sel, Pfeffer
pikantes Paprikapulver
Olivenöl
etwas Thymian

Zubereitung

Oktopus Galicische Art

1 Den Oktopus in 2 l Salzwasser (10 g/Liter) mit Lorbeerblättern und Zitronensaft kalt aufsetzen. Zum Kochen bringen und in etwa 60 Minuten weich kochen (Garprobe durch Einstechen machen). Im Kochsud abkühlen lassen.

2 Den Kopf und aus der Mitte der Fangarme den Schnabel entfernen. Lose Haut von den Fangarmen abstreifen. Den Körper in dünne Streifen und die Fangarme in etwa 5 mm dicke Scheiben schneiden.

Grillgemüse

1 Paprikaschoten längs vierteln und Stängelansätze, Samen und Scheidewände entfernen. Von den Zucchini die Enden abschneiden. Zucchini senkrecht stellen und von allen 4 Seiten eine 3 bis 4 mm dicke Scheibe abschneiden. Den viereckigen inneren Teil mit den wässrigen Kernen wegwerfen. Aubergine vom Stielansatz befreien und längs in 5 mm flache Scheiben schneiden. Die Lauchzwiebeln putzen. Vom grünen Spargel nur das untere Drittel schälen und holzige Enden abschneiden.

2 Stielansätze der Artischocken entfernen. Den Artischockenboden mit einem Schälmesser säubern und glätten. Etwa ein Drittel der äußeren harten Blätter entfernen. Von den restlichen Artischockenblättern etwas mehr als die obere Hälfe abschneiden. Die Artischocken halbieren und mit einem Löffel das Heu entfernen. Die so vorbereiteten Artischockenhälften mit dem Messer oder einem Küchenhobel in sehr dünne Scheibchen schneiden. Sofort in Wasser mit dem Saft ½ Zitrone legen, um eine Verfärbung zu verhindern.

3 Champignons nur trocken säubern, da sie sich sonst voll Wasser saugen. Dafür die Haut von den Köpfen abziehen und die schwarzen Lamellen der Unterseite entfernen. Die Pilze in Scheiben schneiden. Knoblauch pellen und ebenfalls in feine Scheiben schneiden.

4 Eine Grillplatte oder Grillpfanne erhitzen und die Grillstege mit Olivenöl einpinseln. Das Gemüse portionsweise nacheinander knapp al dente braten. Zum Schluss die Knoblauchscheiben leicht anbraten.

Anmerkung

Oktopus auf galicische Art (Pulpo a la Gallega) ist ein typisches Gericht aus der Provinz Galicien an der grünen Atlantikküste Nordspaniens. In ganz Spanien wird es traditionell auf einem rustikalen Holzteller (ohne Grillgemüse) serviert. Grillgemüse gelingt gut auf dem Holzkohlegrill, auf einer elektrischen Grillplatte oder in der Grillpfanne. Ideal ist hierbei ein Deckel, der das Gemüse auf die Grillstäbe drückt. Dadurch wird das Gemüse leicht flach gedrückt und bekommt ein schönes Grillmuster.

Fertigstellen und Anrichten

Das Grillgemüse dekorativ auf Tellern anrichten und mit Fleur de Sel und Pfeffer würzen. Die Oktopus-Scheiben in der Mitte zu einem Muster anordnen. Mit pikantem Paprikapulver bestreuen und Olivenöl darüberträufeln. Knoblauchscheibchen über Gemüse und Oktopus streuen. Mit Thymianzweigen garnieren.

Fisch/Süsswasserfische

Pochierte Lachsforelle mit Zitronensauce auf Ingwer-Fenchel-Püree

Zutaten *Für 4 Personen*

Lachsforelle
- 500 g Lachsforellenfilet
- Salz
- Saft von 1 Zitrone
- 1 Lorbeerblatt

Zitronensauce
- 1 Bio-Zitrone
- 100 ml Fischfond
- 100 ml Sahne
- Salz, Pfeffer
- 1 TL Zucker
- 70 g kalte Butter, in Stücken

Ingwer-Fenchel-Püree
- 3 Fenchelknollen
- 1 Knoblauchzehe
- 1 EL geriebener Ingwer
- Saft von ½ Zitrone
- 2 TL Zucker
- 30 g Butter, in Stücken
- Salz, Pfeffer

Anmerkung
Lachsforellen gehören zur Lachsfamilie und wandern ebenfalls vom Süßwasser ins Meer. Sie sind wesentlich kleiner als Lachse. Ihr rötliches, saftiges Fleisch ist im Gegensatz zum Lachs fester und fettarm.

Zubereitung

Lachsforelle
1 Das Lachsforellenfilet von Haut und Gräten befreien. In einem Topf 2 l Salzwasser (10 g/Liter), Zitronensaft und Lorbeerblatt einige Minuten aufkochen. Das Fischfilet in den köchelnden Pochiersud geben. Vom Herd nehmen und zugedeckt bei ca. 80 bis 90 °C in 12 Minuten gar ziehen lassen.

Zitronensauce
1 Die Zitrone heiß waschen und trocknen. Von einer Zitronenhälfte die Schale abreiben. Von der anderen Hälfte die Schale mit einem Zestenreißer oder einem kleinen Messer in feinsten Streifen abschälen. Die Zitronenzeste für die Dekoration beiseitestellen. Eine Zitronenhälfte auspressen.

2 In einer Kasserolle Zitronensaft, Fischfond, abgeriebene Zitronenschale und Sahne aufkochen und etwas reduzieren. Mit Salz, Pfeffer und Zucker abschmecken.

Ingwer-Fenchel-Püree
1 Fenchel putzen und das Fenchelgrün fürs Anrichten aufbewahren. Die Knollen längs halbieren, den Strunk keilförmig herausschneiden und das Gemüse grob würfeln. In kochendem Salzwasser (10 g/Liter) oder im Dünsteinsatz eines Topfes über Wasserdampf sehr weich garen. Abtropfen und ausdämpfen lassen. In einem Tuch kräftig ausdrücken.

2 Knoblauch pellen und hacken. Mit Fenchel, Ingwer, Zitronensaft und Zucker im Mixer fein pürieren. Durch ein Sieb passieren und Butter in kleinen Stücken unter das Fenchelpüree rühren. Mit Salz und Pfeffer abschmecken.

Fertigstellen und Anrichten
Vor dem Servieren die kalten Butterstücke mit dem Mixstab unter die Sauce montieren. Sie erhält dadurch eine leichte Bindung. Das Fischfilet im Kochsud erwärmen, herausnehmen und trocken tupfen. Mit dem Ingwer-Fenchel-Püree und der Zitronensauce auf vorgewärmten Tellern anrichten. Mit Zitronenzeste und Fenchelgrün garnieren.

Lachsforelle in Blätterteig mit grüner Estragonsenf-Sauce

Zutaten *Für 4 Personen*

Lachsforelle

1 Lachsforelle, etwa 1,2 kg
Salz, Pfeffer
1 Handvoll frische Kräuter, etwa Petersilie, Dill, Thymian
etwa 300 g TK-Blätterteig

Grüne Estragonsenf-Sauce

1 Schalotte
2 EL Butter
1 TL Mehl
100 ml Fischfond
100 ml Weißwein
150 g Crème fraîche
Salz, Pfeffer
3 TL grüner Estragonsenf

Ausserdem

2 verquirlte Eigelbe
Estragon und Thymian

Anmerkung

Dieses Rezept lässt sich ebenso gut mit Lachs oder Seewolf zubereiten. Man rechnet als Garzeit im vorgeheizten Backofen bei 180 °C pro kg Fisch etwa 25 Minuten. Durch den Teigmantel bleibt der Fisch schön saftig. Die knusprige Teigkruste ist eine ausgezeichnete Beilage.

Zubereitung

Lachsforelle

1 Lachsforelle ausnehmen und schuppen. Die Flossen abschneiden und die Kiemen entfernen. Kopf und Schwanz jedoch am Fisch lassen. Den Fisch gut waschen, trocken tupfen und innen und außen mit Salz und Pfeffer würzen. Die Kräuter waschen, trocknen und in die Bauchhöhle des Fisches füllen.

2 Den Blätterteig nach Packungsangabe auftauen. Auf einer leicht bemehlten Arbeitsfläche zu 2 Platten, die jeweils etwas größer als der Fisch sind, ausrollen.

3 Ein Backblech mit Backpapier auslegen. Darauf zuerst eine Teigplatte und dann den Fisch legen. Den Fisch mit der zweiten Teigplatte bedecken. Die Teigplatten eng um den Fisch fest zusammendrücken und überflüssigen Teig abschneiden. Daraus Flossen, Augen und Schuppen formen und mit Eigelb auf den Teig heften. Die gesamte Oberfläche mit Eigelb bestreichen.

4 Die Lachsforelle in Blätterteig im vorgeheizten Ofen bei 180 °C etwa 30 Minuten backen. Sollte die Oberfläche dabei zu stark bräunen, den Fisch mit Alufolie abdecken.

Grüne Estragonsenf-Sauce

1 Die Schalotte schälen und fein würfeln. In einer Kasserolle Butter zerlassen und die Schalotte darin glasig dünsten. Das Mehl mit dem Schneebesen einrühren. Fischfond, Weißwein und Crème fraîche zufügen. Alles 12 Minuten köcheln lassen. Anschließend durch ein feines Sieb passieren.

2 Mit Salz und Pfeffer würzen und den grünen Senf unterrühren. Die Sauce darf jetzt nicht mehr kochen, da der Senf sonst bitter wird.

Fertigstellen und Anrichten

Die Lachsforelle im Blätterteigmantel auf einer Platte anrichten, mit Kräutern garnieren und erst am Tisch portionieren. Die Estragonsenf-Sauce getrennt dazu reichen.

Product of France
1840
1840

Kartoffel-Risotto mit pochiertem Lachs und Estragonsenf-Creme

Zutaten *Für 4 Personen*

Kartoffel-Risotto

500 g festkochende Kartoffeln
1 Schalotte
1 Knoblauchzehe
2 EL Olivenöl
50 ml Weißwein
150 ml Geflügelfond
50 g Butter
100 g frisch geriebener Pecorino
Salz, Pfeffer

Pochierter Lachs

500 g Lachsfilet
1 Bio-Zitrone
1 TL Salz
1 Lorbeerblatt

Estragonsenf-Creme

1 Ei
1 EL grüner Estragonsenf
50 ml Milch
Salz
1 EL Butter

Ausserdem

einige Blättchen Estragon
einige Blättchen Koriander
oder Petersilie

Zubereitung

Kartoffel-Risotto

1 Kartoffeln schälen und in 5 mm große Würfelchen schneiden. Zum Entziehen der Stärke 10 Minuten in kaltes Wasser legen. Dann abgießen, in einem Sieb abtropfen lassen und mit dem Küchentuch trocknen. Die Schalotte schälen und fein hacken. Knoblauch pellen und in feine Scheiben schneiden.

2 In einem Topf Olivenöl erhitzen und die Schalottenwürfel darin glasig dünsten. Kartoffelwürfel und Knoblauch zufügen und 1 Minute anbraten. Mit Weißwein ablöschen und mit Geflügelfond auffüllen. Unter gelegentlichem Umrühren köcheln, bis die Kartoffeln knapp gar sind. Überschüssige Flüssigkeit abgießen.

3 Butter und geriebenen Pecorino einrühren und mit Salz und Pfeffer abschmecken.

Pochierter Lachs

1 Das Lachsfilet von Haut und Gräten befreien und in 4 gleichmäßige Stücke teilen. Die Zitrone heiß waschen und trocknen. Mit dem Zestenreißer oder einem kleinen Messer feinste Schalenstreifen abschälen und für die Garnitur aufbewahren.

2 Die Zitrone auspressen. In einem Topf 2 l Wasser mit Zitronensaft, Salz und Lorbeerblatt einige Minuten aufkochen. Die Lachsfilets einlegen und in 12 Minuten im 80 bis 90 °C heißen Pochiersud zugedeckt gar ziehen lassen.

Estragonsenf-Creme

1 Das Ei mit Senf und Milch in eine Schüssel geben. Mit dem Schneebesen schaumig aufschlagen und salzen.

2 In einer Kasserolle Butter schmelzen und die aufgeschlagene Mischung zufügen. Die Sauce unter ständigem Schlagen mit dem Schneebesen schnell erhitzen, bis sie cremig wird. Sofort vom Herd nehmen und bei geringer Hitze warm halten.

Anmerkung

Im Pochiersud zubereiteter Fisch kann darin gut erkalten und bis zum nächsten Tag aufbewahrt werden. Dann kann er kalt verwendet oder im Kochsud wieder erwärmt werden.

Fertigstellen und Anrichten

Jeweils 1 Stück Lachsfilet auf vorgewärmte Teller setzen und halbieren. Eine Hälfte mit der Estragonsenf-Creme bestreichen, die andere Hälfte mit Zitronenzesten und Estragonblättchen bestreuen. Den Kartoffel-Risotto daneben anrichten und mit etwas Estragonsenf-Creme und Korianderblättchen garnieren.

Edmond Fallot
FABRIQUÉE À LA MEULE DE PIERRE

LACHS-PASTA-RÖLLCHEN MIT SAFRANSAUCE

ZUTATEN *Für 4 Personen*

LACHS
350 g Lachsfilet, ohne Haut und Gräten
150 ml Sahne
Salz, Pfeffer

PASTATEIG
150 g Mehl
1 Ei, 1 Eigelb
1 TL Öl
½ TL Salz

LACHS-RÖLLCHEN
1 EL gehackter Dill
1 Eiweiß, 1 EL Butter
200 ml heißer Fischfond

SAFRANSAUCE
1 Schalotte
1 EL Butter
1 TL Mehl
50 ml Weißwein
50 ml Noilly Prat
150 g Crème fraîche
150 ml Fischfond
1 Knoblauchzehe
1 g Safranfäden
Salz, weißer Pfeffer

AUSSERDEM
Dillspitzen für die Garnitur

ZUBEREITUNG

LACHS
1 Das Lachsfilet halbieren und eine Hälfte in 2 mm dünne und etwa 8 cm breite Scheiben schneiden. Das gelingt in leicht angefrorenem Zustand besonders gut. Die Lachsscheiben kühl stellen.

2 Die andere Hälfte des Lachsfilets in grobe Würfel schneiden. Mit der Sahne 12 Minuten im Tiefkühlfach vorkühlen. Lachswürfel salzen, pfeffern und im Mixer pürieren. Dabei so viel eiskalte Sahne hinzugeben, bis eine streichfähige Farce entsteht. Die Lachsfarce ebenfalls kühl stellen.

PASTATEIG
1 Das Mehl in eine Schüssel sieben und in die Mitte eine Mulde drücken. Ei, Eigelb, Öl und Salz zufügen und alles mit den Händen zu einem festen, geschmeidigen Teig kneten. Nimmt der Teig das Mehl nicht vollständig auf, noch 1 EL Wasser zugeben. Den Teig zur Kugel formen, in Klarsichtfolie einschlagen und 1 Stunde im Kühlschrank ruhen lassen.

2 Den Nudelteig mit der Nudelmaschine zu dünnen Platten ausrollen. Dafür den Teig mehrfach durch die Walzen drehen, der Walzenabstand sollte dabei erst 5 mm, dann 3 mm und zum Schluss 0,5 bis 1 mm betragen. Die Teigplatten in 12 x 8 cm große Rechtecke schneiden. Leicht mit Mehl bestäuben und kurz antrocknen lassen.

LACHS-RÖLLCHEN
1 Die Teigrechtecke mit den dünn aufgeschnittenen Lachsscheiben belegen. Die Lachsfarce daraufstreichen und mit gehacktem Dill bestreuen. Teigränder zum Verkleben mit Eiweiß bestreichen und zu Röllchen aufrollen.

2 Lachs-Röllchen in eine mit Butter gefettete ofenfeste Form legen. Den heißen Fischfond angießen. Die Form mit Alufolie verschließen und die Lachs-Röllchen im vorgeheizten Ofen bei 160 °C 25 Minuten garen.

SAFRANSAUCE
1 Die Schalotte schälen und fein würfeln. In einer Kasserolle Butter zerlassen und die Schalottenwürfel darin glasig dünsten.

2 Das Mehl mit dem Schneebesen einrühren. Weißwein, Noilly Prat, Crème fraîche und Fischfond zufügen. Knoblauch pellen, pressen und in die Sauce geben. Unter gelegentlichem Rühren mit dem Schneebesen in 10 Minuten zu einer sämigen Sauce einkochen.

3 Durch ein feines Sieb passieren. Safranfäden zufügen und weitere 5 Minuten bei geringer Hitze sanft köcheln lassen. Mit Salz und Pfeffer abschmecken.

Fertigstellen und Anrichten
Die Lachsröllchen auf vorgewärmte Teller verteilen und mit der Safransauce umgießen. Mit einigen Dillspitzen garnieren.

Lachs mit Erdbeeren

Zutaten *Für 4 Personen*

Gemüse-Brunoise (Würfelchen)

1 Möhre
1 Stück Knollensellerie
1 Zucchini
Salz, Pfeffer

Erdbeersauce

1 Schalotte
1 EL Butter
1 TL Mehl
50 ml Weißwein
200 ml Fischfond
2 Gewürznelken
1 Lorbeerblatt
150 ml Sahne
2 EL Erdbeerkonfitüre
Saft von ½ Zitrone
4 Erdbeeren
Salz
2 EL Cognac

Lachs

600 g Lachsfilet mit Haut
Salz, Pfeffer
2 EL Olivenöl

Ausserdem

1 EL Butter
Salz, Pfeffer
etwa 30 rosa Pfefferkörner
10 Erdbeeren
etwas Minze

Zubereitung

Gemüse-Brunoise (Würfelchen)

1 Möhre und Sellerie schälen und beides sehr fein würfeln. Von den Zucchini die Enden abscheiden. Zucchini senkrecht stellen und auf allen 4 Seiten eine ca. 3 mm dünne Scheibe abschneiden. Den übrig gebliebenen inneren Teil mit den wässrigen Kernen wegwerfen. Die Zucchinischeiben ebenfalls in feine Würfelchen schneiden.
2 Möhren- und Selleriewürfel im Dämpfeinsatz eines Topfes über Wasserdampf oder in leicht gesalzenem Wasser knapp al dente garen. Zucchiniwürfel, die eine viel kürzere Garzeit haben, erst knapp vor Ende des Garprozesses zufügen. Alle Gemüsewürfel sofort eiskalt abschrecken, abtropfen und trocknen lassen.

Erdbeersauce

1 Die Schalotte schälen und fein hacken. In einer Kasserolle Butter zerlassen und die Schalottenwürfel darin glasig dünsten. Das Mehl mit dem Schneebesen einrühren und anschwitzen. Weißwein und Fischfond unter Rühren mit dem Schneebesen zufügen. Gewürznelken und Lorbeerblatt hinzugeben und 10 Minuten auf kleiner Flamme kochen.
2 Sahne zufügen und weitere 2 Minuten köcheln lassen. Die Sauce soll eine leicht cremige Konsistenz haben.
3 Erdbeerkonfitüre, Zitronensaft und ganze Erdbeeren in die Sauce geben. Mit dem Mixstab pürieren und durch ein Sieb passieren. Mit Salz und Cognac abschmecken.

Zubereitung

Lachs

1 Das Lachsfilet von den Gräten befreien, waschen, trocken tupfen und in 4 gleich große Stücke schneiden. Mit Salz und Pfeffer würzen.

2 Olivenöl in einer Pfanne erhitzen. Die Lachsfiletstücke darin zuerst auf der Hautseite etwa 6 Minuten kräftig anbraten. Wenden und auf der anderen Seite weitere 3 bis 4 Minuten bei reduzierter Hitze braten. Die Pfanne vom Herd nehmen und den Lachs einige Minuten zugedeckt warm ruhen lassen.

Fertigstellen und Anrichten

Gemüsewürfelchen erwärmen, in wenig Butter schwenken und mit Salz und Pfeffer würzen. Die Lachsfiletstücke auf vorgewärmten Tellern anrichten. Mit der Erdbeersauce überziehen und rosa Pfefferkörner darüberstreuen. Die Gemüsewürfelchen daneben anordnen. Mit Erdbeerhälften und Minze garnieren.

Lachs-Lasagne mit Sauce Mousseline

Zutaten *Für 4 Personen*

Teig
- 150 g Mehl
- 1 Ei, 1 Eigelb
- 1 TL Öl
- ½ TL Salz

Lachs
- 350 g Lachsfilet, ohne Haut und Gräten
- 150 ml Sahne
- Salz, Pfeffer

Lasagne
- vorbereiteten Teig
- Mehl
- Butter
- 200 ml heißer Fischfond

Sauce Mousseline
- 1 Schalotte
- 1 Zweig Estragon
- 100 ml Weißwein
- 3 Eigelbe
- 200 g Crème fraîche
- Salz
- Cayennepfeffer
- Saft von ½ Zitrone

Ausserdem
- 1 ofenfeste Lasagneform
- Kräuter zum Anrichten

Zubereitung

Teig
1 Das Mehl in eine Schüssel sieben, Ei, Eigelb, Öl und Salz zufügen und alles zu einem festen, geschmeidigen Teig kneten.

2 Den Teig zur Kugel formen, in Klarsichtfolie einschlagen und mindestens 1 Stunde ruhen lassen.

Lachs
1 Das Lachsfilet halbieren und eine Hälfte in 2 mm dünne Scheiben schneiden. Das geht besonders gut auf der Aufschnittmaschine, wenn das Lachsfilet leicht angefroren ist. Lachsscheiben kühl stellen.

2 Das restliche Lachsfilet grob würfeln und mit der Sahne im Tiefkühlfach 12 Minuten vorkühlen. Lachswürfel salzen, pfeffern und im Mixer fein pürieren. Dabei so viel eiskalte Sahne zugeben, bis eine streichfähige Farce entsteht. Die Lachsfarce ebenfalls kühl stellen.

Lasagne
1 Den Teig mit der Nudelmaschine zu dünnen Platten ausrollen. Dann in 6 Rechtecke von etwa 18 x 12 cm Größe schneiden. Die Lasagneplatten auf einer bemehlten Arbeitsfläche trocknen lassen.

2 Lasagneplatten in Salzwasser (10 g/Liter) 30 Sekunden vorkochen. Vorsichtig aus dem Wasser heben, abtropfen lassen und auf einem Küchentuch trocknen.

3 Den Boden der Lasagneform mit Butter einfetten und mit 2 Lasagneplatten auslegen. Die Teigplatten mit einer Hälfte der Lachsscheiben belegen. Darauf die halbe Lachsfarce gleichmäßig verteilen.

4 Eine zweite Lage Teigplatten auf die Lachsfarce legen. Die restliche Lachsfarce daraufstreichen. Die zweite Hälfte Lachsscheiben darauflegen und mit der dritten Schicht Lasagneplatten abschließen. Wenige Butterflöckchen darauf verteilen.

5 Den heißen Fischfond in die Form gießen. Mit Alufolie verschließen und im vorgeheizten Ofen bei 160 °C 25 Minuten backen.

Sauce Mousseline
1 Die Schalotte schälen und fein würfeln. Estragon waschen, trocknen und die Blättchen fein hacken. Schalottenwürfel und Estragon in einer Kasserolle mit Weißwein aufkochen und um die Hälfte reduzieren.

2 Eigelbe und Crème fraîche zufügen. Die Sauce unter ständigem Rühren mit dem Schneebesen langsam erhitzen. Sie darf keinesfalls kochen. Sobald die Sauce leicht sämig wird, sofort vom Herd nehmen und durch ein feines Sieb passieren. Sauce Mousseline mit Salz, Cayennepfeffer und Zitronensaft abschmecken. Bei geringer Hitze warm halten.

Fertigstellen und Anrichten
Lachs-Lasagne aus dem Ofen nehmen. Leicht abkühlen lassen und in 4 Stücke teilen. Lasagnestücke auf vorgewärmte Teller setzen und jeweils diagonal halbieren. Ein halbes Lasagnestück mit der Spitze nach oben anrichten. Mit Sauce Mousseline überziehen. Nach Belieben mit dem Flambierbrenner leicht bräunen und mit Kräutern garnieren.

Schnell & einfach
Mit fertig gekauften Lasagneplatten lässt sich das Gericht ebenso herstellen. Allerdings benötigen diese Lasagneplatten eine längere Vorkochzeit im Salzwasser als selbst gemachte.

Lachs unter Kartoffelkruste mit Spargel und Noilly-Prat-Sauce

Zutaten *Für 4 Personen*

Lachs
- 700 g Lachsfilet
- 100 ml Sahne
- 2 mehligkochende Kartoffeln
- Salz, Pfeffer
- 2 EL Butter, zerlassen

Spargel
- 1 kg weißer und grüner Spargel
- Salz, 1 TL Zucker
- 1 EL Butter

Noilly-Prat-Sauce
- 1 Schalotte
- 1 EL Butter
- 1 TL Mehl
- 200 ml Spargel-Kochfond
- 1 Glas Weißwein
- 50 ml Noilly Prat
- 150 g Crème fraîche
- Salz, Pfeffer

Ausserdem
- Butter für die Form
- Kräuterblättchen

Zubereitung

Lachs
1 Das Lachsfilet von Haut und eventuell vorhandenen Gräten befreien. Aus dem Filet 4 gleichmäßig schöne, rechteckige Stücke schneiden und kühl stellen. Die Lachsabschnitte, es sollten etwa 100 g sein, grob würfeln. Mit der Sahne 12 Minuten im Tiefkühlfach vorkühlen.

2 Kartoffeln schälen, in hauchdünne Scheiben hobeln und in kaltem Wasser aufbewahren.

3 Die vorgekühlten Lachswürfel leicht salzen, pfeffern und im Mixer fein pürieren. Dabei so viel eiskalte Sahne hinzufügen, bis eine streichfähige Farce entsteht.

4 Die rechteckigen Lachsstücke gleichmäßig mit der Farce bestreichen. Kartoffelscheiben auf einem Tuch trocknen und die Lachsfarce damit schuppenartig leicht überlappend belegen. Die Kartoffelscheiben mit zerlassener Butter einpinseln und leicht salzen.

5 Die fertigen Lachsmedaillons in eine gebutterte ofenfeste Form setzen. Im vorgeheizten Ofen bei 220 °C unter zugeschaltetem Grill 12 Minuten backen, bis die Kartoffelkruste schön gebräunt ist.

Zubereitung

Spargel

1 Spargel waschen und abtropfen lassen. Den weißen Spargel ganz, vom grünen Spargel nur das untere Drittel schälen. Die holzigen Enden abschneiden und mit den Schalen aufbewahren.
2 In einem Topf etwa 2 l Salzwasser (10 g/Liter) mit Zucker und Butter aufkochen. Getrennt erst den weißen, dann den grünen Spargel darin knapp bissfest kochen. Herausnehmen, abtropfen lassen und warm halten.
3 Die Spargelabschnitte und Schalen im Spargelkochwasser 8 Minuten kochen. Dann den Kochsud pürieren und durch ein Sieb passieren. Von diesem Spargel-Kochfond 200 ml für die Sauce abmessen und beiseitestellen.

Noilly-Prat-Sauce

1 Die Schalotte schälen und fein hacken. In einer Kasserolle Butter zerlassen und die Schalottenwürfel darin glasig dünsten. Unter ständigem Rühren mit dem Schneebesen das Mehl einrühren und anschwitzen. Den abgemessenen Spargel-Kochfond, Weißwein und Noilly Prat einrühren und alles 10 Minuten kochen.
2 Crème fraîche in die Sauce rühren. Nochmals aufkochen und durch ein feines Sieb passieren. Mit Salz und Pfeffer abschmecken und warm halten.

Fertigstellen und Anrichten

Die Lachsstücke unter Kartoffelkruste aus dem Ofen nehmen und auf vorgewärmte Teller setzen. Weißen und grünen Spargel fächerartig daneben anrichten. Mit Noilly-Prat-Sauce umgießen und mit Kräutern garnieren.

Schnell & einfach

Die zwei verschiedenen Spargelsorten können Sie auch zusammen kochen. Geben Sie zuerst den weißen Spargel ins Kochwasser. Fügen Sie nach 5 Minuten den grünen Spargel hinzu. Dann werden beide Spargelsorten einigermaßen gleichzeitig gar.

Lachs im Wirsingmantel mit Schnittlauchkartoffeln und weisser Zitronen-Butter-Sauce

Zutaten *Für 4 Personen*

Lachs

700 g Lachsfilet
150 ml Sahne
je 50 g Möhre, Knollensellerie
und Schalotte, alles fein gewürfelt
1 kleiner Kopf Wirsing
Salz, Pfeffer

Schnittlauchkartoffeln

8 festkochende, gleich große,
längliche Kartoffeln
Salz
1 Bund Schnittlauch
1 TL grobes Meersalz
1 TL grob zerstoßener weißer Pfeffer

Weisse Zitronen-Butter-Sauce

Saft von ½ Zitrone
Salz
200 g eiskalte Butter

Ausserdem

Butter für die Form
Butterflöckchen bei Bedarf

Zubereitung

Lachs

1 Das Lachsfilet von Haut und Gräten befreien und in 4 gleich große Rechtecke schneiden. Die Lachsabschnitte, es sollten etwa 100 g sein, grob würfeln und mit der Sahne 12 Minuten im Tiefkühlfach vorkühlen.

2 In der Zwischenzeit die Möhren-, Sellerie- und Schalottenwürfel in kochendem Salzwasser knapp bissfest garen. Sofort eiskalt abschrecken, abgießen und gut abtropfen lassen.

3 Vom Wirsing 8 äußere schöne Blätter abtrennen und in kochendem Salzwasser (10 g/Liter) 3 Minuten blanchieren. Sofort eiskalt abschrecken, abtropfen lassen und trocken tupfen. Aus den Wirsingblättern die dicken Blattrippen herausschneiden. Je 2 Wirsingblätter auf der Arbeitsfläche leicht überlappend zu Rechtecken auslegen.

4 Die vorgekühlten Lachsabschnitte salzen, pfeffern und im Mixer fein pürieren. Dabei so viel eiskalte Sahne zufügen, bis eine streichfähige Farce entsteht. Die Gemüsewürfel unter die Farce mischen.

5 Die Farce gleichmäßig auf die vorbereiteten Wirsingblätter streichen. Jeweils 1 Stück Lachsfilet darauflegen und in die Wirsingblätter einschlagen.

6 Den Lachs im Wirsingmantel 10 Minuten im Dünsteinsatz eines Topfes über Wasserdampf oder im Dampfgarer dämpfen. Ebenso lässt sich Lachs im Wirsingmantel im Backofen zubereiten. Dafür in eine gebutterte ofenfeste Form setzen und mit Butterflöckchen belegen. Im vorgeheizten Ofen bei 180 °C 10 Minuten garen.

Schnittlauchkartoffeln

1 Kartoffeln waschen und in der Schale in Salzwasser (10g/Liter) in 20 Minuten gar kochen.

2 Schnittlauch waschen, trocknen und in Röllchen schneiden. Aus grobem Meersalz, zerstoßenem weißem Pfeffer und den Schnittlauchröllchen eine Würzmischung herstellen.

Weisse Zitronen-Butter-Sauce

1 In einer Kasserolle 30 ml Wasser mit Zitronensaft und 1 Prise Salz aufkochen. Dann nach und nach eiskalt vorgekühlte Butter esslöffelweise in der Kasserolle schmelzen. Dabei kräftig mit dem Schneebesen schlagen. Die Butter soll dabei schmelzen und darf keinesfalls kochen.

2 Sobald drei Viertel der Butter verbraucht sind, die Kasserolle vom Herd nehmen. Restliche Butter neben dem Feuer esslöffelweise unterschlagen. Die Buttersauce soll jetzt cremig weiß sein. Bis zum Anrichten im Wasserbad bei 60 °C warm halten.

Fertigstellen und Anrichten

Kartoffeln pellen und in gleichmäßige dünne Scheiben schneiden. Leicht überlappend auf vorgewärmten Tellern anordnen. Mit der warmen Zitronen-Butter-Sauce überziehen. Die Kartoffelscheiben mit der Schnittlauch-Würzmischung bestreuen. Lachs im Wirsingmantel danebensetzen und aufschneiden.

Schnell & einfach

Ersetzen Sie die weiße Zitronen-Butter-Sauce einfach durch zerlassene Butter.

Lachs mit Trüffeln auf Wirsingpüree

Zutaten *Für 4 Personen*

Trüffel
- 40 g schwarze Perigord-Trüffel
- 1 EL Butter
- 2 EL Madeira

Wirsingpüree
- 1 kleiner Kopf Wirsing
- 1 Möhre
- 1 Zwiebel
- 1 Knoblauchzehe
- 1 EL Butter
- 1 EL Olivenöl
- 150 g Crème fraîche
- 200 ml Geflügelfond
- 1 Glas Weißwein
- Salz, Pfeffer

Weisswein-Butter-Sauce
- 1 Schalotte
- 200 ml Weißwein
- 50 ml Noilly Prat
- 150 ml Fischfond
- 50 g kalte Butter

Lachs
- 600 g Lachsfilet mit Haut
- 2 EL Olivenöl
- Salz, Pfeffer

Ausserdem
- nach Belieben 4 EL gegarte Gemüsewürfel

Zubereitung

Trüffel
1 Die Trüffel unter dem Wasserstrahl mit einer harten Bürste säubern, trocknen und hauchdünn schälen. Die Schalen für das Wirsingpüree beiseitestellen.
2 Trüffel in feine Scheiben hobeln und in einer Pfanne in zerlassener Butter 3 bis 4 Minuten bei mittlerer Hitze braten. Dann mit Madeira ablöschen.

Wirsingpüree
1 Vom Wirsing die äußeren Blätter entfernen und den Strunk keilförmig herausschneiden. Die Blätter ablösen und die harten Blattrippen entfernen. Die Wirsingblätter in kochendem Salzwasser (10 g/Liter) nicht zu weich blanchieren. In eiskaltem Wasser abschrecken. Mit den Händen in kleinen Portionen aus dem Wirsing so viel Wasser wie möglich herauspressen. Den ausgepressten Wirsing mit dem Messer klein schneiden.
2 Möhre und Zwiebel schälen und fein würfeln. Knoblauch pellen und in feine Scheiben schneiden. In einem Topf Butter und Öl erhitzen und die Möhren- und Zwiebelwürfel mit dem Knoblauch darin ohne zu bräunen gar dünsten. Crème fraîche und fein gehackte Trüffelschalen zufügen und alles leicht sämig reduzieren. Fein gehackten Wirsing, Geflügelfond und Weißwein zufügen und unter Rühren erwärmen. Das Wirsingpüree kurz aufkochen und mit Salz und Pfeffer abschmecken.

Weisswein-Butter-Sauce
1 Die Schalotte schälen und fein würfeln. Schalottenwürfel in einer Kasserolle mit Weißwein, Noilly Prat und Fischfond aufkochen und die Flüssigkeit auf ein Drittel reduzieren.
2 Die Sauce durch ein feines Sieb passieren. Kurz vor dem Anrichten mit dem Mixstab die kalte Butter untermontieren, sodass eine leichte Bindung entsteht.

Lachs
1 Das Lachsfilet von eventuell vorhandenen Gräten befreien. In 4 gleich große Stücke teilen und auf der Hautseite kreuzweise diagonal leicht einschneiden.
2 Eine Pfanne erhitzen, das Olivenöl zufügen und den Fisch darin auf der Hautseite 6 Minuten anbraten. Mit Salz und Pfeffer würzen.
3 Den Lachs wenden und auf der anderen Seite weitere 3 Minuten braten. Vom Herd nehmen und den Lachs in der noch heißen Pfanne einige Minuten zugedeckt warm ruhen lassen.

Fertigstellen und Anrichten
Das Wirsingpüree auf vorgewärmte Teller verteilen. Jeweils 1 gebratenes Lachsfiletstück daraufsetzen. Das Püree mit Gemüsewürfelchen und den gebratenen Trüffelscheiben garnieren. Die Weißwein-Butter-Sauce separat dazu reichen oder den Fisch damit umgießen.

Schnell & einfach
Perigord-Trüffel lässt sich durch einige Löffelchen Trüffel-Carpaccio aus dem Glas, in etwas Madeira erwärmt, ersetzen.

Zander-Timbale mit Lachsfüllung auf Safran-Fenchel-Creme

Zutaten *Für 4 Personen*

Zander-Timbale
120 g Lachsfilet, ohne Haut und Gräten
200 g Zanderfilet, ohne Haut und Gräten
150 ml Sahne
Salz, Pfeffer

Möhren
4 Möhren
Salz, Zucker
Pfeffer
1–2 EL Butter

Zucchini
2 Zucchini
2 EL Olivenöl
Salz, Pfeffer

Fenchel
2 große Fenchelknollen
Salz, Pfeffer
1 EL Butter

Safran-Fenchel-Creme
1 Schalotte
1 EL Butter, 1 EL Olivenöl
1 Glas Weißwein
100 ml Fischfond
100 ml Sahne
½ g Safranfäden
Saft von ½ Zitrone
1 TL Zucker
Salz, Pfeffer
1 EL kalte Butter

Ausserdem
4 Timbaleförmchen von 125 ml Inhalt
Butter

Zander-Timbale
1 Das Lachsfilet in 4 gleich große rechteckige Stücke schneiden und kühl stellen. Die Lachsabschnitte aufbewahren. Das Zanderfilet grob würfeln und mit den Lachsabschnitten und der Sahne 12 Minuten im Tiefkühlfach vorkühlen.
2 Zanderwürfel und Lachsabschnitte salzen, pfeffern und im Mixer fein pürieren. Dabei so viel eiskalte Sahne zufügen, bis eine streichfähige Farce entsteht. Die Farce durch ein Sieb streichen.
3 Timbaleförmchen mit Butter ausstreichen. Jeweils ein Stück Lachs in die Mitte setzen. Die Förmchen mit der Zanderfarce auffüllen und die Oberfläche glatt streichen. Im vorgeheizten Backofen bei 150 °C 20 Minuten garen.

Möhren
1 Die Möhren schälen, achteln und in nicht zu dünne, etwa 4 cm lange Stifte schneiden. Im Dünsteinsatz eines Topfes über Wasserdampf oder in leicht gesalzenem Wasser knapp bissfest garen. Eiskalt abschrecken und in einem Sieb gut abtropfen lassen.
2 Die Möhren mit 1 Prise Zucker, Salz und Pfeffer würzen.

Zucchini
1 Von den Zucchini oben und unten eine Kappe abschneiden. Zucchini senkrecht stellen und auf allen 4 Seiten eine 5 mm dicke Scheibe abschneiden. Den viereckigen inneren Teil mit den wässrigen Kernen wegwerfen. Die Zucchinischeiben je nach Größe längs halbieren oder dritteln. In nicht zu dünne, etwa 4 cm lange Stücke teilen.
2 Olivenöl in einer Pfanne erhitzen und die Zucchini darin unter Schwenken knapp bissfest garen. Mit Salz und Pfeffer würzen.

Fenchel
1 Fenchel putzen und das Grün für die Garnitur beiseitelegen. Einige äußere Blattschalen ablösen, waschen, abtropfen lassen und für die Fenchelcreme aufbewahren.
2 Die restlichen Fenchelknollen exakt durch den Strunk achteln, sodass der restliche Strunk die Blätter zusammenhält. Den Fenchel im Dünsteinsatz eines Topfes oder im Dampfgarer über Wasserdampf bissfest garen. Mit Salz und Pfeffer würzen.

Safran-Fenchel-Creme
1 Fenchelschalen und die geschälte Schalotte fein würfeln. In einem Topf je 1 EL Butter und Olivenöl erhitzen. Fenchel- und Schalottenwürfel darin ohne zu bräunen glasig dünsten.
2 Weißwein und Fischfond zufügen und um ein Drittel einkochen. Sahne zugeben und die Mischung nochmals sämig reduzieren.
3 Mit dem Mixstab pürieren und durch ein feines Sieb passieren. Safranfäden zufügen und 5 Minuten in der heißen, aber nicht mehr kochenden Sauce ziehen lassen. Mit Zitronensaft, Zucker, Salz und Pfeffer abschmecken.

Fertigstellen und Anrichten
Möhren, Zucchini und Fenchel vor dem Servieren in etwas Butter schwenken. Unter die Safran-Fenchel-Creme mit dem Mixstab kalte Butter montieren und die Sauce auf vorgewärmte Teller verteilen. Die Zander-Timbalen aus den Förmchen lösen und in die Tellermitte setzen. Möhren, Zucchini und Fenchel separat dazu anrichten. Mit Fenchelgrün garnieren.

Grüner Zander auf Rucola-Risotto

Zutaten *Für 4 Personen*

Zander
4 Zanderfilets, ohne Haut
2 Scheiben altbackenes Toastbrot, ohne Rinde
1 Bund glatte Petersilie
1 Bio-Limette
50 g weiche Butter
1 TL grüner Dijon-Senf
Salz, Pfeffer
Cayennepfeffer
Olivenöl

Rucola-Risotto
2 Bund junger Rucola
1 Schalotte
3 EL Olivenöl
300 g Risotto-Reis (2 Tassen)
1 Glas Weißwein
800 ml heißer Geflügelfond
Salz, Pfeffer
40 g Butter

Zubereitung

Zander
1 Die Fischfilets von eventuell vorhandenen Gräten befreien. Das Weißbrot durch einen Metallseiher zum sogenannten „mie de pain“ reiben. Petersilie waschen, trocknen und die abgezupften Blättchen fein hacken. Die Limette heiß waschen, trocknen und die Schale ringsum dünn abreiben.

2 Das geriebene Weißbrot mit der gehackten Petersilie, der abgeriebenen Limettenschale, Butter und Senf verrühren. Die Masse mit Salz, Pfeffer und 1 Prise Cayennepfeffer würzen. Zwischen Klarsichtfolie dünn ausrollen und im Tiefkühlfach fest werden lassen.

3 Die fest gewordene Masse aus der Folie lösen und in 4 passende Stücke schneiden. Die Fischfilets damit belegen. Ein wenig Olivenöl darüberträufeln und die Zanderfilets im vorgeheizten Ofen bei 200 °C 10 Minuten backen.

Rucola-Risotto
1 Rucola waschen, trocken schleudern und harte Stängel entfernen. Einige schöne Rucolablätter für die Garnitur beiseitelegen.

2 Schalotte schälen und fein hacken. Olivenöl in einem Topf erhitzen und die Schalottenwürfel darin glasig dünsten. Den Reis hinzufügen und mit dem Holzlöffel rühren, bis der Reis glasig ist. Mit Weißwein ablöschen und diesen ganz verdampfen lassen.

3 Nach und nach den heißen Geflügelfond angießen. Gelegentlich umrühren, damit nichts am Topfboden ansetzt. Den Reis 18 Minuten kochen, dann sollte er eine cremige Konsistenz haben. Wird er zu trocken, noch etwas Geflügelfond zufügen. Mit Salz und Pfeffer abschmecken.

4 Die Butter in Stückchen einrühren. Rucola unterheben und den Risotto zugedeckt noch 5 Minuten neben dem Feuer ruhen lassen.

Anmerkung
Der Zander ist der größte europäische Barsch. Er lebt in allen Flüssen und Seen Ost- und Mitteleuropas, wo er als Raubfisch den Hecht nahezu verdrängt hat. Sein Fleisch ist fest, weiß und hat wenig Gräten. Inzwischen wird er mit großem Erfolg gezüchtet.

Anrichten
Rucola-Risotto auf vorgewärmte Teller verteilen. Die Zanderfilets darauf anrichten und mit ein paar Blättchen Rucola garnieren.

Zanderfilet auf Rotweinbutter

Zutaten *Für 4 Personen*

Kartoffeln und Frühlingszwiebeln

8 kleine festkochende Kartoffeln
Salz
2 Bund Frühlingszwiebeln
2 EL Butter
grobes Meersalz
Zucker, Pfeffer

Rotweinbutter

2 Schalotten
1 EL Butter
300 ml Rotwein
100 ml roter Portwein
1 Prise Zucker
etwas Thymian
Salz, Pfeffer
70 g kalte Butter, in Stücken

Zander

1 EL Butter
2 EL Olivenöl
4 Zanderfilets mit Haut
Salz, Pfeffer
Saft von ½ Zitrone

Ausserdem

Thymianspitzen

Zubereitung

Kartoffeln und Frühlingszwiebeln

1 Die gewaschenen Kartoffeln in der Schale in leicht gesalzenem Wasser gar kochen. Etwas abkühlen lassen und pellen. Frühlingszwiebeln putzen und 1 Minute in kochendem Wasser blanchieren. Kalt abschrecken und abtropfen lassen.

2 In einer Pfanne 1 EL Butter zerlassen, die Kartoffeln darin schwenken und mit grobem Meersalz bestreuen. In einer zweiten Pfanne die restliche Butter zerlassen. Die Frühlingszwiebeln zufügen, mit 1 Prise Zucker bestreuen und glasieren. Mit Salz und Pfeffer würzen.

Rotweinbutter

1 Die Schalotten schälen und fein würfeln. Butter in einer Kasserolle zerlassen und die Schalotten darin glasig dünsten.

2 Rotwein, Portwein, Zucker und Thymian zufügen. Die Flüssigkeit auf etwa 150 ml einkochen. Mit Salz und Pfeffer würzen. Kurz vor dem Anrichten kalte Butterstückchen mit dem Mixstab untermontieren, sodass eine leichte Bindung entsteht.

Zander

1 In einer Pfanne Butter und Olivenöl erhitzen. Die Zanderfilets darin auf der Hautseite 4 Minuten braten und mit Salz und Pfeffer würzen.

2 Die Filets wenden und 30 Sekunden auf der anderen Seite weiterbraten. Sofort aus der Pfanne nehmen und mit ein wenig Zitronensaft beträufeln.

Anmerkung

Sauce und Beilagen passen gut zu allen Süßwasser-Barschen und Forellen. Das sind neben Zander alle Flussbarsche, die am Bodensee Kretzer und in der Schweiz Egli genannt werden. Ihr Fleisch ist fest, aromatisch und für die meisten Zubereitungen gleichermaßen gut geeignet.

Fertigstellen und Anrichten

Rotweinbutter auf vorgewärmte Teller verteilen. Die Zanderfilets darauf anrichten. Mit Kartoffeln und glasierten Frühlingszwiebeln umlegen und mit Thymian garnieren.

Gefüllter Zander auf Möhren-Ingwer-Püree

Zutaten *Für 4 Personen*

Zander

2 Stangen Lauch
700 g Zanderfilets

Füllung

1 Möhre
1 Schalotte
½ Fenchelknolle
1 Zucchini
1 EL Butter
1 EL Olivenöl
Salz, Pfeffer
100 ml Sahne

Möhren-Ingwer-Püree

1 Zwiebel
4 Möhren
1 EL Butter
1 TL Zucker
1 EL fein gewürfelter Ingwer
50 ml Weißwein
50 ml Sahne
Saft von ½ Zitrone
Salz, Pfeffer

Ausserdem

1 rechteckige ofenfeste Form
Salz, Pfeffer
Butterflöckchen
1 Glas Weißwein
Kräuterblättchen
Crema di Balsamico

Zubereitung

Zander

1 Lauch putzen, gründlich waschen und einmal längs halbieren. Die Blätter voneinander lösen und kurz dämpfen oder in Wasser pochieren, bis sie flexibel und gut formbar sind. Sofort kalt abschrecken und trocken tupfen.
2 Fischfilets von Haut und Gräten befreien. Die Ränder begradigen und die Filets dadurch in eine rechteckige, längliche Form schneiden. Die anfallenden Fischabschnitte, es sollten etwa 100 g sein, für die Herstellung der Füllung kühl stellen.

Füllung

1 Möhre und Schalotte schälen und beides sehr fein würfeln. Fenchel putzen, den Strunk herausschneiden und die Knolle ebenfalls würfeln. Das Fenchelgrün fein hacken und aufbewahren. Von der Zucchini die Enden abschneiden. Zucchini senkrecht stellen und von allen 4 Seiten eine 3 bis 4 mm dünne Scheibe abschneiden und fein würfeln. Den Innenteil mit den wässrigen Kernen wegwerfen.
2 In einer Pfanne Butter und Olivenöl erhitzen. Die Möhren-, Schalotten- und Fenchelwürfel darin andünsten. Kurz bevor sie gar sind, die Zucchiniwürfel zufügen und eine weitere Minute mitgaren. Die Gemüsewürfel salzen, pfeffern und abkühlen lassen.
3 Zanderabschnitte und Sahne im Tiefkühlfach 12 Minuten vorkühlen. Die Fischabschnitte salzen und im Mixer fein pürieren. Dabei so viel eiskalte Sahne zufügen, bis eine streichfähige Masse entsteht.
4 Die Farce durch ein Sieb streichen und die abgekühlten Gemüsewürfelchen, sowie das gehackte Fenchelgrün unterheben und kühl stellen.

Möhren-Ingwer-Püree

1 Die Zwiebel schälen und fein hacken. Die Möhren schälen und in feine Scheiben schneiden.
2 Butter in einem Topf zerlassen und die Zwiebelwürfel, Möhrenscheibchen, Zucker und Ingwerwürfel darin andünsten.
3 Mit Weißwein und Sahne ablöschen und die Flüssigkeit stark einkochen. Sobald die Möhren gar sind, alles in den Mixer geben und fein pürieren. Das Möhren-Ingwer-Püree durch ein Sieb streichen und mit Zitronensaft, Salz und Pfeffer abschmecken.

Fertigstellen und Anrichten

Die Form mit Backpapier auskleiden. Darauf leicht überlappend die Lauchblätter quer zur Form zu einer rechteckigen Fläche auslegen. Die Zanderfilets salzen, pfeffern und in 2 parallelen Streifen nebeneinander auf das Lauchbett legen. Dabei in der Mitte einen Zwischenraum lassen, der nun mit der Farce gefüllt wird. Fischfilets und Farce fest mit den Lauchstreifen umwickeln. Mit Butterflöckchen belegen und den Weißwein angießen. Den gefüllten Zander im vorgeheizten Ofen bei 180 °C 35 Minuten garen.

Sobald der Fisch fertig ist, vorsichtig aus der Form auf ein Schneidbrett gleiten lassen. Mit einem scharfen Messer oder besser mit einem Elektromesser in breite Scheiben schneiden. Die Zanderscheiben mit dem Möhren-Ingwer-Püree auf vorgewärmten Tellern anrichten. Mit Kräutern und etwas Crema di Balsamico garnieren.

ZANDER-MEDAILLONS IN PARMASCHINKEN MIT SAN-MARZANO-TOMATEN-RISOTTO

ZUTATEN *Für 4 Personen*

RISOTTO
2 Dosen San-Marzano-Tomaten von je 400 g
1 TL Zucker
Saft von ½ Zitrone
200 ml Geflügelfond
2 Stangen Bleichsellerie
1 Schalotte
2 Knoblauchzehen
3 EL Olivenöl
300 g Risotto-Reis
100 ml Weißwein
Salz, Pfeffer
50 g Butter, in Stücken

ZANDER
600 g Zanderfilets
8 Scheiben Parmaschinken
16 Salbeiblätter
Pfeffer, Salz
3 EL Olivenöl

AUSSERDEM
Olivenöl und einige Salbeiblätter für die Garnitur
Parmesan am Stück

ZUBEREITUNG

RISOTTO
1 Die San-Marzano-Tomaten mit Zucker, Zitronensaft und Geflügelfond aufkochen, bis die Tomaten weich sind. Mit dem Mixstab pürieren. 800 ml Tomatenflüssigkeit für den Risotto abmessen und heiß halten.
2 Vom Bleichsellerie die Fäden abziehen. Die Stangen längs in Streifen, dann quer in feine Würfel schneiden. Die Schalotte schälen und fein hacken. Knoblauch pellen und in Scheiben schneiden.
3 Olivenöl in einem Topf erhitzen und die Schalotten- und Bleichselleriewürfel darin hell andünsten. Den Reis zufügen und unter Rühren mit dem Holzlöffel glasig werden lassen. Mit Weißwein ablöschen. Unter ständigem Rühren die heiße Tomatenflüssigkeit und die Knoblauchscheiben zufügen. Den Risotto 18 Minuten bei geringer Hitze kochen lassen. Dabei häufig umrühren, damit nichts ansetzt.
4 Am Ende der Garzeit sollte der Risotto eine cremig flüssige Konsistenz haben. Falls er zu dick wird, noch etwas Flüssigkeit zufügen. Mit Salz und Pfeffer abschmecken. Die Butterstücke unterheben und den Risotto zugedeckt noch 5 Minuten neben dem Herd ruhen lassen.

ZANDER
1 Die Zanderfilets von Haut und Gräten befreien. Je 2 Scheiben Parmaschinken leicht überlappend zu einem Rechteck auslegen. Zuerst 2 Salbeiblätter, dann das Fischfilet auf den Schinken legen. Pfeffern, aber nur leicht salzen, da der Schinken Salz enthält.
2 Die Fischfilets wieder mit 2 Salbeiblättern belegen, ganz in Parmaschinken einschlagen und gut festdrücken.
3 Das Olivenöl in einer Pfanne erhitzen und die Zanderfilets in Parmaschinken darin von allen Seiten bei geringer Hitze knusprig braten.

Fertigstellen und Anrichten
Olivenöl erhitzen und die Salbeiblätter für die Garnitur darin 20 Sekunden frittieren. Die Salbeiblätter anschließend zwischen Küchenpapier flach drücken und entfetten. Parmesan auf dem Küchenhobel in grobe Späne hobeln. Risotto auf vorgewärmten Tellern anrichten. Den Zander in Parmaschinken halbieren und jeweils 2 schöne Medaillons auf den Risotto setzen. Mit frittierten Salbeiblättern und Parmesan-Spänen garnieren.

RISO SUPERFINO
CARNAROLI
Hagen Grote®
pour le gourmet
hühner-fond
Die kräftig aromatische Basis
für feine Saucen und Suppen

Zander mit Pilz-Flan auf Spinatcreme

Zutaten *Für 4 Personen*

Pilz-Flan

- 300 g Pilze der Saison, geputzt
- 1 Knoblauchzehe
- 2 EL Olivenöl
- Salz, Pfeffer
- 2 EL gehackte glatte Petersilie
- 150 g Crème fraîche
- 4 Eier

Spinatcreme

- 400 g Spinat
- Salz
- 1 Schalotte
- 1 Knoblauchzehe
- 1 EL Butter
- 1 Glas Weißwein (100 ml)
- 100 ml Geflügelfond
- 100 ml Crème fraîche
- Pfeffer

Zander

- 4 Zanderfilets mit Haut
- Salz, Pfeffer, Mehl
- 1 EL Butter
- 1 EL Olivenöl

Außerdem

- 4 ofenfeste Portionsförmchen
- Butter für die Förmchen

Zubereitung

Pilz-Flan

1 Die Pilze möglichst trocken säubern und nicht waschen, damit sie sich nicht voll Wasser saugen. Den Knoblauch pellen und fein hacken.

2 In einer Pfanne das Olivenöl erhitzen und die Pilze darin bei starker Hitze anbraten, damit sie kein Wasser ziehen. Eventuell austretendes Wasser sofort abgießen. Die Pilze mit Salz und Pfeffer würzen. Knoblauch zufügen und mit den Pilzen nochmals kurz durchschwenken.

3 Die Förmchen mit Butter ausstreichen. Pilze mit gehackter Petersilie mischen und in die Förmchen füllen. Crème fraîche nur leicht mit den Eiern verrühren und mit Salz und Pfeffer würzen. Die Förmchen mit der Eiermischung auffüllen. Die Flans im vorgeheizten Ofen bei 180 °C 15 Minuten backen.

Spinatcreme

1 Vom Spinat nur die schönen, grünen Blätter verwenden, Stiele und grobe Blattrippen entfernen. Den Spinat gut waschen und 5 Minuten in kochendem Salzwasser (10 g Salz/Liter) blanchieren. Abgießen, kalt abschrecken und abtropfen lassen. Mit den Händen portionsweise kräftig auspressen und grob hacken.

2 Schalotte und Knoblauch schälen und beides fein hacken. In einem Topf die Butter aufschäumen und die Schalotten- und Knoblauchwürfel darin hell andünsten. Weißwein, Geflügelfond und Crème fraîche zufügen und sämig einkochen.

3 Den Spinat in die Sauce geben und mit dem Mixstab pürieren. Einmal aufkochen und mit Salz und Pfeffer abschmecken.

Zander

1 Zanderfilets von Gräten befreien. Waschen, trocken tupfen und auf der Hautseite diagonal leicht einschneiden. Den Fisch mit Salz und Pfeffer würzen, in Mehl wenden und überflüssiges Mehl gut abklopfen.

2 In einer Pfanne Butter und Olivenöl erhitzen und die Zanderfilets darin auf der Hautseite in 4 Minuten kross braten. Die Filets wenden und auf der anderen Seite 1 Minute weiterbraten. Dann sofort aus der Pfanne nehmen, damit der Fisch nicht zu trocken und fest wird.

Fertigstellen und Anrichten

Die Spinatcreme auf vorgewärmte Teller geben. Pilz-Flans vorsichtig aus den Förmchen lösen und mit den gebratenen Zanderfilets auf der Spinatcreme anrichten.

Fischklösschen in Safransauce mit Spaghettini

Zutaten *Für 4 Personen*

Fischklösschen

350 g weiße Fischfilets, etwa von Schellfisch, Kabeljau oder Heilbutt
300 ml Sahne
Salz, Pfeffer
Saft von 1 Zitrone
1 Lorbeerblatt

Safransauce

1 Schalotte
1 Knoblauchzehe
2 EL Butter
1 EL Olivenöl
2 TL Mehl
200 ml Fischfond
1 Glas Weißwein (100 ml)
1 Lorbeerblatt
150 g Crème fraîche
1 g Safranfäden
Salz, Pfeffer

Spaghettini

250 g Spaghettini
Salz

Zubereitung

Fischklösschen

1 Die Fischfilets von Haut und Gräten befreien und in grobe Würfel schneiden. Den Fisch zusammen mit der Sahne 12 Minuten im Tiefkühlfach vorkühlen.
2 Fischwürfel mit Salz und Pfeffer würzen und im Mixer fein pürieren. Dabei so viel eiskalte Sahne hinzufügen, bis eine streichfähige Masse entsteht. Die Fischfarce durch ein Sieb streichen.
3 Aus der Farce mithilfe von zwei Löffeln Klößchen formen und diese auf einem nassen Teller zugedeckt kurz kühl stellen.
4 Den Pochierfond, bestehend aus 1,5 l Wasser mit 2 TL Salz, Zitronensaft und Lorbeerblatt, einige Minuten aufkochen. Die Fischklößchen in den heißen Pochierfond geben und vom Herd nehmen. Die Klößchen zugedeckt im Sud in 10 Minuten gar ziehen lassen.

Safransauce

1 Schalotte und Knoblauch schälen und beides fein hacken.
2 Butter und Olivenöl in einer Kasserolle erhitzen und die Schalottenwürfel darin glasig andünsten. Unter ständigem Rühren mit dem Schneebesen das Mehl zufügen und hell anschwitzen. Fischfond und Weißwein unter Rühren dazugeben.
3 Knoblauch und Lorbeerblatt in die Sauce geben und alles 10 Minuten köcheln lassen. Die Sauce durch ein feines Sieb in einen Topf passieren. Crème fraîche unterrühren und die Safranfäden zufügen. Weitere 5 Minuten bei geringer Hitze köcheln lassen. Mit Salz und Pfeffer abschmecken.

Spaghettini

1 Die Spaghettini in sprudelnd kochendes Salzwasser geben und al dente garen.

Fertigstellen und Anrichten

Fischklößchen in der Safransauce erwärmen, aber nicht kochen. Sobald die Spaghettini bissfest sind, die erwärmten Fischklößchen aus der Sauce nehmen. Die Spaghettini abgießen und kurz abtropfen lassen. Dann sofort mit der Safransauce mischen. Die Nudeln auf vorgewärmte Teller geben und jeweils einige Fischklößchen in die Mitte setzen.

Schnell & einfach

Fischklößchen werden bei uns in wenigen Restaurants gelegentlich als Hechtklößchen angeboten. In Norwegen sind „Fiskeboller“, hergestellt aus erstklassigem weißem Seefisch (leider inzwischen in sehr unterschiedlicher Qualität), allgegenwärtig. Es gibt sie auch bei uns als vorzügliche Konserve. Sie sind in Fischfond eingelegt, der gut für Saucen verwendet werden kann.

FISCH-RAGOUT MIT KORIANDER-EMULSION UND LAUCH IN VINAIGRETTE

ZUTATEN *Für 4 Personen*

LAUCH IN VINAIGRETTE
4 Stangen Lauch
Salz
1 EL Zitronensaft
Pfeffer
1 TL Zucker
2 TL Dijon-Senf
3 EL Öl

KORIANDER-EMULSION
1 Ei
1 Bund Koriandergrün
50 ml Fischfond
50 ml Olivenöl
Salz, Pfeffer

FISCH-RAGOUT
500 g Fischfilet, etwa Lachs, Zander oder Red Snapper
3 EL Olivenöl
Salz, Pfeffer

AUSSERDEM
Korianderblättchen für die Garnitur

ZUBEREITUNG

LAUCH IN VINAIGRETTE
1 Lauch putzen und die grünen Blattenden etwa 3 cm tief einschneiden. Die auseinandergeschnittenen Blattenden unter fließendem Wasser gründlich säubern.
2 Lauchstangen mit Küchengarn bündeln und in sprudelnd kochendem Wasser 5 Minuten blanchieren. Abtropfen lassen und in frischem Salzwasser (10 g/Liter) bei ganz geringer Hitze bissfest gar kochen. Abtropfen lassen und in 3 cm lange Stücke teilen. Dabei die Lauchstücke mit den eingeschnittenen Enden etwas länger lassen, damit sie nicht auseinanderfallen.
3 Zitronensaft mit Salz, Pfeffer, Zucker, Senf und Öl zu einer Vinaigrette verrühren. Die Lauchstücke vorsichtig in der Vinaigrette wenden und ziehen lassen.

KORIANDER-EMULSION
1 Das Ei exakt 6 Minuten kochen, kalt abschrecken und pellen. Koriandergrün waschen, trocknen und die Blättchen abzupfen.
2 Ei und Korianderblättchen mit Fischfond und Olivenöl im Mixer pürieren. Die Koriander-Emulsion mit Salz und Pfeffer abschmecken.

FISCH-RAGOUT
1 Das Fischfilet von Haut und Gräten befreien und in gleiche 3 cm große Würfel schneiden.
2 Olivenöl in einer Pfanne erhitzen und die Fischwürfel darin von allen Seiten etwa 3 Minuten anbraten. Vom Feuer nehmen und in der heißen Pfanne zugedeckt einige Minuten ruhen lassen. Dann ist der Fisch gerade eben gar und innen wunderbar zart. Mit Salz und Pfeffer würzen.

Fertigstellen und Anrichten
Längere Lauchstücke mit dem aufgeschnittenen grünen Teil senkrecht auf vorgewärmte Teller stellen. Die kürzeren hellen Lauchstücke ringsum anordnen. Das Fisch-Ragout zufügen und mit der Koriander-Emulsion überziehen. Mit einigen Korianderblättchen garnieren.

Kabeljaufilet auf Spinat mit Vanillesauce

Zutaten *Für 4 Personen*

Kabeljau
700 g Kabeljaufilet
300 ml Weißwein
400 ml Fischfond
300 ml Sahne
Salz, Pfeffer

Vanillesauce
Pochiersud
1 Vanilleschote
30 g kalte Butter, in Stücken
Salz, Pfeffer

Spinat
1 kg Spinat (reicht für 250 g gekochten Spinat)
2 EL Butter
Salz, Pfeffer

Ausserdem
Kräuterblättchen für die Garnitur

Zubereitung

Kabeljaufilet
1 Das Kabeljaufilet von eventuell vorhandenen Gräten befreien und in 4 gleich große Stücke teilen.
2 In einem Topf Weißwein und Fischfond aufkochen. Dann die Sahne unter Rühren zufügen und wieder erhitzen.
3 Sobald die Flüssigkeit kocht, das Kabeljaufilet in den Pochiersud geben. Den Topf vom Herd nehmen und den Fisch in 12 Minuten gar ziehen lassen. Aus dem Pochiersud heben, abtropfen lassen und mit Salz und Pfeffer würzen. Den Pochiersud für die Sauce verwenden.

Vanillesauce
1 Die Vanilleschote längs halbieren. Das Mark auskratzen und zusammen mit der Schote in den Pochiersud geben. Die Flüssigkeit auf etwa 400 ml einkochen.
2 Die reduzierte Sauce durch ein Sieb passieren und mit Salz und Pfeffer abschmecken. Beide Vanilleschotenhälften nochmals quer halbieren und für die Garnitur beiseitestellen.

Spinat
1 Den Spinat verlesen, grobe Stiele und harte Blattrippen entfernen. Gründlich waschen und nur die schönen grünen Blätter verwenden.
2 Butter in einem Topf zerlassen. Den Spinat zufügen und zugedeckt in 5 Minuten weich dünsten. Den Spinat abtropfen lassen, mit den Händen gut ausdrücken und mit Salz und Pfeffer würzen.

ZUBEREITUNG

Fertigstellen und Anrichten
Kalte Butterstückchen mit dem Pürierstab unter die Sauce montieren und aufschäumen. Als Saucenspiegel auf vorgewärmte Teller geben. Die pochierten Kabeljaufilets und den Spinat darauf anrichten. Mit einem Stück Vanilleschote und Kräuterblättchen garnieren.

Kabeljaufilet in Pancetta-Kruste auf Kürbispüree mit Kürbis-Koriander-Pesto

Zutaten *Für 4 Personen*

Kürbispüree
1 Schalotte
2 EL Butter
1 TL Zucker
500 g Kürbisfleisch (die Sorte Muskat ist vorzüglich)
1 Knoblauchzehe
1 Glas Weißwein (100 ml)
150 g mehligkochende Kartoffeln
100 g Ziegenfrischkäse
100 g Crème fraîche
Salz, Pfeffer

Kürbis-Koriander-Pesto
2 Knoblauchzehen
1 Bund Koriander
100 g frische Mandelkerne, geschält
50 ml Kürbiskernöl
50 g frisch geriebener Pecorino
Salz, Pfeffer

Kabeljau
600 g Kabeljaufilet
100 g Pancetta (italienischer Speck), in dünnen Scheiben
30 g Paniermehl
Salz, Pfeffer
Mehl
1 Ei
2 EL Olivenöl
1 EL Butter

Ausserdem
einige Kürbiskerne für die Garnitur

Zubereitung

Kürbispüree
1 Die Schalotte schälen und fein würfeln. Butter in einem Topf zerlassen und die Schalottenwürfel mit dem Zucker darin hell andünsten.
2 Kürbisfleisch in Würfel schneiden, Knoblauch pellen und pressen. Beides zu den Schalottenwürfeln geben. Weißwein angießen und auf kleiner Flamme solange dünsten, bis der Kürbis weich und der Weißwein verdampft ist.
3 Kartoffeln in leicht gesalzenem Wasser weich kochen. Pellen und noch heiß durch die Kartoffelpresse drücken. Mit Ziegenfrischkäse und Crème fraîche zum Kürbisfleisch geben und kräftig mit dem Schneebesen einarbeiten. Das Püree mit Salz und Pfeffer abschmecken und warm halten.

Kürbis-Koriander-Pesto
1 Knoblauch pellen und halbieren. Koriandergrün waschen, trocknen und die Blättchen abzupfen.
2 Die frischen Mandeln mit Koriander, Knoblauch und Kürbiskernöl im Mixer pürieren. Geriebenen Pecorino unterheben und das Pesto mit Salz und Pfeffer abschmecken.

Kabeljau
1 Das Kabeljaufilet von eventuell vorhandenen Gräten befreien und in 4 gleich große Stücke teilen. Pancetta erst in hauchdünne Scheiben, dann in feine Streifen und anschließend in feine Würfelchen schneiden.
2 Pancetta-Würfel in einer beschichteten Pfanne bei mittlerer Hitze knusprig braten und auf Küchenpapier entfetten.
3 Das Paniermehl mit den gebratenen Pancetta-Würfelchen mischen. Fischfilets salzen, pfeffern und in Mehl wenden. Überschüssiges Mehl abklopfen. Das Ei in einem tiefen Teller verquirlen. Die Fischfilets erst durch das Ei ziehen, dann in der Pancetta-Paniermehl-Mischung wenden.
4 Olivenöl und Butter in einer Pfanne erhitzen und die panierten Kabeljaufilets darin goldbraun braten.

Anmerkung
Kürbiskernöl wird in der Steiermark aus Kürbissamen gewonnen. Vom hohen Chlorophyllanteil rührt seine schöne grüne Farbe her. Der Gesundheit besonders zuträglich ist es durch enthaltenes Kalium, Zink, Selen, Mangan und viel Vitamin E.

Fertigstellen und Anrichten
Kürbiskerne in einer beschichteten Pfanne ohne Fett rösten. Die Fischfilets und das Kürbispüree auf vorgewärmten Tellern anrichten. Etwas Kürbis-Koriander-Pesto um den Fisch träufeln und mit gerösteten Kürbiskernen bestreuen.

Stockfischpüree mit Tomaten-Concassée und Balsamico-Kartoffelwürfeln

Zutaten *Für 4 Personen*

Stockfischpüree
400 g weißes Stockfischfilet
etwa 150 ml Olivenöl
1 Knoblauchzehe
100 g Crème fraîche
60 g Kartoffel, in der Schale gegart
weißer Pfeffer
Saft von ½ Zitrone

Tomaten-Concassée
3 reife Tomaten
Salz, Pfeffer

Balsamico-Kartoffelwürfel
1 EL Balsamico-Creme
1 Spritzer Zitronensaft
Salz, Pfeffer
1 EL Olivenöl
2 festkochende Kartoffeln

Ausserdem
Basilikumblättchen
für die Garnitur
Balsamico-Creme

Zubereitung

Stockfischpüree
1 Den Stockfisch in 4 Stücke von etwa 100 g teilen und zum Entsalzen 24 Stunden wässern. Dabei das Wasser alle 6 bis 8 Stunden wechseln.
2 Die Fischfilets mit der Haut nach oben in reichlich kaltem Wasser aufsetzen und zum Kochen bringen. Sobald das Wasser zu kochen beginnt, die Hitze reduzieren. Den Fisch zugedeckt in 20 Minuten bei schwacher Hitze knapp unterhalb des Siedepunktes gar ziehen lassen. Zwischendurch wiederholt abschäumen.
3 Den Fisch abtropfen lassen und mit Küchenpapier trocken tupfen. Die Stockfischfilets mit den Händen in kleine Stücke zerpflücken. Dabei die Haut und eventuell vorhandene Gräten entfernen.
4 Olivenöl in einer Pfanne erhitzen. Den zerkleinerten Stockfisch und die gepellte, fein gehackte Knoblauchzehe zufügen. Mit einem Holzlöffel immer wieder kräftig durcharbeiten und weiter zerkleinern, bis ein homogenes Püree entsteht. Dann die Crème fraîche unterrühren. Die gekochte Kartoffel pellen, durch die Kartoffelpresse drücken und unter das Stockfischpüree mischen. Mit Pfeffer und Zitronensaft würzen.

Anmerkung

Bei diesem Püree kommt es wie bei allen Stockfischgerichten ganz entscheidend auf die Spitzenqualität der verarbeiteten Fischfilets an. Sie müssen dickfleischig und ganz weiß mit kurzer Faser sein. Keinesfalls gelbliche, zähe oder dünne Teile kaufen. Dünnflüssig ist Stockfischpüree eine extravagante Sauce zu pochiertem Fisch oder zu al dente gegartem Gemüse. Gemischt mit in Butter gedünsteten Trüffelwürfelchen gehört es zu den Spitzengerichten der französischen Gastronomie.

Stockfisch (franz. morue, ital. baccalà, span. bacalao) wird aus Kabeljau (auch Dorsch genannt) durch Einsalzen und Trocknen hergestellt. In Zeiten ohne Tiefkühltechnik war das die einzig sichere Methode der Fischkonservierung.
Bei der Trocknung entwickelt Stockfisch vorzügliche, typische Aromen, die bei einer Zubereitung mit frischem Kabeljau nicht erzielbar sind.

Tomaten-Concassée

1 Tomaten von den Stielansätzen befreien und auf der gegenüberliegenden Seite kreuzweise einschneiden. Einzeln nacheinander jeweils 10 Sekunden in kochendes Wasser tauchen. Die Tomaten häuten, vierteln und entkernen.
2 Das Fruchtfleisch klein würfeln und in einem Sieb abtropfen lassen. Das Tomaten-Concassée mit einer Prise Salz und Pfeffer würzen.

Balsamico-Kartoffelwürfel

1 Balsamico-Creme, Zitronensaft, Salz, Pfeffer und Olivenöl zu einer Vinaigrette verrühren.
2 Kartoffeln schälen, klein würfeln und in kochendem Salzwasser 5 Minuten blanchieren. Die Kartoffelwürfel abgießen, trocken tupfen und noch heiß mit der Vinaigrette mischen. Eine halbe Stunde zugedeckt durchziehen lassen.

Fertigstellen und Anrichten

Das Stockfischpüree auf vorgewärmten Tellern in Vorspeisenringe füllen. Darauf eine dünne Schicht Tomaten-Concassée verteilen und mit Basilikumblättchen belegen. Den Ring entfernen und das Püree abwechselnd mit Balsamico-Kartoffelwürfeln und Tomaten-Concassée umlegen. Mit Basilikumblättchen und Balsamico-Creme garnieren.

SCHELLFISCH IN BACON AUF KICHERERBSEN MIT CHORIZO

ZUTATEN *Für 4 Personen*

SCHELLFISCH
600 g Schellfischfilet
4 Scheiben Bacon
2 EL Olivenöl

KICHERERBSEN
400 g Kichererbsen (aus dem Glas)
1 kleine rote Paprikaschote
100 g Chorizo, gehäutet
2 Knoblauchzehen
3 Lauchzwiebeln
1–2 EL Olivenöl
200 ml Gemüsefond
100 ml Weißwein
½ kleine Chilischote, ohne Stielansatz und Samen
Salz, Pfeffer

ANMERKUNG
Der Lebensraum des Schellfischs ist der gesamte Nordatlantik. In England und Skandinavien ist er beliebter als in Deutschland. Franzosen und Engländer verwenden ihn geräuchert. In Norwegen wird er neben Dorsch, der zur gleichen Fischfamilie gehört, zu „Fiskeboller" (Fischklößchen) verarbeitet.

ZUBEREITUNG

SCHELLFISCH
1 Das Fischfilet von Haut und Gräten befreien und in 8 Medaillons schneiden. Die Bacon-Scheiben längs halbieren und die Fischmedaillons jeweils mit einer halben Scheibe Bacon umwickeln.
2 Das Olivenöl in einer Pfanne erhitzen und die Medaillons darin von allen Seiten schön knusprig braten.

KICHERERBSEN
1 Kichererbsen abgießen, abspülen und in einem Sieb gut abtropfen lassen. Die Paprikaschote von Stielansatz, Samen und Scheidewänden befreien und würfeln. Chorizo in dünne Scheiben schneiden. Knoblauch pellen und fein hacken. Die Lauchzwiebeln putzen und in 3 cm lange Stücke schneiden.
2 In einem Topf das Olivenöl erhitzen und Paprika und Chorizo darin kurz andünsten. Gemüsefond, Weißwein, Kichererbsen, Knoblauch und Chilischote zugeben und alles 8 Minuten köcheln lassen. Dann die Lauchzwiebeln zufügen und noch 2 Minuten mitgaren. Mit Salz und Pfeffer abschmecken.

Fertigstellen und Anrichten
Kichererbsen in heiße Teller geben. Jeweils zwei Stücke Fisch in Bacon daraufsetzen.

SCHNELL & EINFACH
Sie sollten nicht versuchen, Kichererbsen selbst zu kochen. Das dauert mehrere Stunden und das Ergebnis ist nicht überzeugend. Die Garzeit variiert stark und ein Teil der Kichererbsen zerkocht. Anstelle des Schellfischs lassen sich die meisten anderen Speisefische für dieses Gericht ebenso gut verwenden. Nur Fische, deren Fleisch zu fest wird, wie Thunfisch, Red Snapper und Schwertfisch, eignen sich nicht. Auch Lachs hat für dieses Gericht einen zu starken Eigengeschmack.

Rotbarschröllchen auf Specksauce mit Krabben

Zutaten *Für 4 Personen*

Rotbarschröllchen
4 Rotbarschfilets (600 g)
2 Schalotten
2 Knoblauchzehen
8 Champignons
2 EL Butter
2 EL Olivenöl
100 ml Weißwein
150 ml Sahne
½ Bund glatte Petersilie
Salz, Pfeffer
8 Scheiben Pancetta
(italienischer Speck)

Specksauce
50 g durchwachsener Bauchspeck
1 Schalotte
1 EL Butter
1 gehäufter TL Mehl
200 ml Fischfond
1 Glas Weißwein (100 ml)
100 g Crème fraîche
Salz, Pfeffer

Kartoffeln
8–12 kleine festkochende Kartoffeln
Salz
1 EL Butter
grobes Meersalz

Ausserdem
Holzspießchen (Zahnstocher)
2 EL Schnittlauchröllchen
150 g kleine Garnelen,
gekocht und geschält

Anmerkung
Um Rot- oder Goldbarsch macht die gehobene Küche einen kleinen Bogen. In England ist Rotbarsch, dort fälschlicherweise als Norwegischer Schellfisch bezeichnet, ein Teil des Nationalgerichtes „Fish and Chips". Dennoch lassen sich aus seinem festen Fleisch mit geringem Grätenanteil vorzügliche Gerichte wie Pasteten, Fischfrikadellen und auch Fischstäbchen (durch die unsere Kinder an die Fischküche herangeführt werden) herstellen.

Zubereitung

Rotbarschröllchen
1 Rotbarschfilets in 8 flache, dünne Scheiben schneiden und kühl stellen. Schalotten und Knoblauch schälen und beides fein würfeln. Champignons putzen und in feine Würfel schneiden.
2 In einer Pfanne 1 EL Butter und 1 EL Olivenöl erhitzen und die Schalotten und Champignons darin hell andünsten. Knoblauch, Weißwein und Sahne zufügen und alles bei starker Hitze kräftig zu einer streichfähigen Masse einkochen.
3 Petersilie waschen, trocknen und die Blättchen fein hacken. Petersilie unter die Champignonmasse rühren. Mit Salz und Pfeffer abschmecken und abkühlen lassen.
4 Die Rotbarschfilets mit der Champignonmasse bestreichen. Fest aufrollen, mit 1 Scheibe Pancetta umwickeln und mit 1 Holzspießchen feststecken.
5 Butter und Olivenöl in einer Pfanne erhitzen und die Rotbarschröllchen darin ringsum knusprig anbraten. Die Temperatur reduzieren und die Röllchen zugedeckt in 5 Minuten gar ziehen lassen.

Specksauce
1 Den Speck in feine Würfel schneiden. In einer beschichteten Pfanne ohne Fett kross anbraten. Das austretende Fett abgießen und die Speckwürfel auf Küchenpapier entfetten.
2 Schalotte schälen und fein hacken. Butter in der Bratpfanne aufschäumen und die Schalottenwürfel zusammen mit dem ausgelassenen Speck glasig dünsten.
3 Mehl darüberstäuben und anschwitzen. Fischfond und Weißwein unter Rühren mit dem Schneebesen zufügen. Bei geringer Hitze 10 Minuten köcheln lassen. Durch ein feines Sieb passieren und die Crème fraîche unterrühren. Die Specksauce noch einmal aufkochen und mit Salz und Pfeffer abschmecken.

Kartoffeln
1 Die kleinen Kartoffeln in der Schale in leicht gesalzenem Wasser nicht zu weich kochen, dann abgießen und pellen.
2 In einer Pfanne die Butter zerlassen, die Kartoffeln darin schwenken und mit grobem Meersalz bestreuen.

Fertigstellen und Anrichten
Die Specksauce als Spiegel auf vorgewärmte Teller gießen. Je 2 Rotbarschröllchen in die Mitte setzen, die Butterkartoffeln daneben anrichten und mit Schnittlauchröllchen und Garnelen umlegen.

Fischfilet in Rosmarin-Pecorino-Kruste auf Orangen-Rotwein-Risotto

Zutaten *Für 4 Personen*

Orangen-Rotwein-Risotto

1 Bio-Orange
1 Schalotte
3 EL Olivenöl
1 TL Zucker
300 g Risotto-Reis (2 Tassen)
400 ml Rotwein
400 ml heißer Geflügelfond
1 Knoblauchzehe
Salz, Pfeffer
50 g Butter

Fisch

4 Fischfilets (600 g), etwa Zander, Viktoriabarsch, Rotbarsch oder Red Snapper
Salz, Pfeffer
1 Ei
1 EL Rosmarinnadeln
100 g frisch geriebener Pecorino
Mehl
2 EL Olivenöl

Ausserdem

Rosmarin für die Garnitur

Zubereitung

Orangen-Rotwein-Risotto

1 Die Orange heiß waschen und trocknen. Mit dem Zestenreißer oder einem kleinen Messer feinste Streifen Orangenschale abschälen. Etwas Orangenzeste für die Garnitur beiseitelegen und die Orange auspressen.

2 Die Schalotte schälen und fein hacken. Olivenöl in einem Topf erhitzen und die Orangenzesten mit Zucker und Schalottenwürfeln darin hell andünsten. Den Reis hinzufügen und unter Rühren glasig werden lassen. Mit dem Orangensaft ablöschen.

3 Erwärmten Rotwein und heißen Geflügelfond zum Reis geben. Knoblauch fein hacken und zufügen. Den Risotto unter gelegentlichem Umrühren 18 Minuten kochen. Dann mit Salz und Pfeffer würzen. Der Risotto sollte nun eine cremig flüssige Konsistenz haben. Falls der Reis zu fest ist, noch etwas heiße Flüssigkeit zufügen.

4 Die Butterflöckchen einrühren und den Risotto zugedeckt neben dem Herd 5 Minuten ruhen lassen.

Fisch

1 Fischfilets von Haut und Gräten befreien, salzen und pfeffern. Das Ei in einem tiefen Teller verquirlen. Die Hälfte der Rosmarinnadeln sehr fein hacken, die andere Hälfte ganz lassen. Beide Teile Rosmarin unter das verquirlte Ei rühren. Pecorino auf einen Teller geben.

2 Den Fisch in Mehl wenden und überschüssiges Mehl abklopfen. Die Filets dann durch die Rosmarin-Ei-Mischung ziehen und in geriebenem Pecorino wenden. Die Panade gut andrücken.

3 Olivenöl in einer Pfanne erhitzen und die panierten Fischfilets darin goldbraun backen.

Fertigstellen und Anrichten

Orangen-Rotwein-Risotto auf vorgewärmte Teller verteilen. Das gebackene Fischfilet darauf anrichten und mit Rosmarinzweigen und Orangenzesten garnieren.

Pochierter Steinbutt mit Champignonpüree und Limettencreme

Zutaten *Für 4 Personen*

Limettencreme

- 2 Limetten
- 1 Schalotte
- 1 EL Butter
- 150 ml trockener Sekt
- 150 ml Fischfond
- 1 TL Zucker
- Salz, Pfeffer
- 40 g kalte Butter, in Stücken

Champignonpüree (Duxelles)

- 500 g Champignons
- 1 Schalotte
- 50 g Butter
- Salz, Pfeffer
- 1 Knoblauchzehe
- 1 EL fein gehackte glatte Petersilie
- 150 g Crème fraîche
- etwas Zitronensaft

Steinbutt

- 4 Steinbuttfilets (600 g)
- aufgefangener Limettensaft
- ¼ l Milch
- 1 Lorbeerblatt
- 2 TL Salz

Ausserdem

- Petersilienblättchen

Anmerkung

Steinbutt aus Wildfang ist ein sehr großer Fisch mit vorzüglichem festem, weißem Fleisch. Die Drei-Sterne-Köche Alain Ducasse, Dieter Müller und Michel Bras nennen für diesen Fisch alle eine unterschiedliche Garmethode. Ducasse: In Olivenöl braten. Müller: 8 Minuten bei 190 °C im Ofen garen. Bras: Bei 70 °C im Ofen garen, bis die Oberfläche perlmuttfarben glasig wird. Wegen Überfischung unserer Meere erhalten Sie heute leider fast nur noch gezüchtete Steinbutt. Das Fleisch dieser kleinen Zuchtfische von maximal 2 kg ist leider weich und neigt bei den Zubereitungsmethoden der Sterneköche zum Zerfallen. Durch sanftes Pochieren der Fischfilets erreichen Sie das beste Ergebnis.

Zubereitung

Limettencreme

1 Die Limetten zweimal mit kochendem Wasser überbrühen und trocknen. Mit dem Zestenreißer oder einem scharfen Messer feinste Streifen Limettenschale abschälen und für die Garnitur beiseitestellen.

2 Von den Limetten oben und unten eine Kappe abschneiden und die äußere Haut der Früchte schälen. Dann die Limettenfilets über einem Sieb aus den Membranhäutchen lösen. Den dabei austretenden Saft für die Zubereitung der Steinbuttfilets auffangen. Die ausgelösten Limettenfilets zum Abtropfen in das Sieb legen.

3 Die Schalotte schälen und fein würfeln. Butter in einer Kasserolle zerlassen und die Schalottenwürfel darin hell andünsten. Mit Sekt und Fischfond ablöschen und alles um ein Drittel auf etwa 200 ml reduzieren. Die Sauce mit Zucker, Salz und Pfeffer abschmecken.

Champignonpüree (Duxelles)

1 Champignons nur trocken säubern. Dafür die Haut der Köpfe abziehen, die schwarzen Lamellen der Unterseite und trockene Stiele entfernen. Die Pilze im Mixer fein zerkleinern. Ein Sieb mit einem Passiertuch auslegen. Die Champignonmasse hineingeben und die Flüssigkeit auspressen.

2 Die Schalotte schälen und fein hacken. Butter in einer Kasserolle zerlassen und die Schalottenwürfel darin glasig dünsten.

3 Das Champignonpüree zufügen, salzen und pfeffern. Unter ständigem Rühren solange dünsten, bis die Flüssigkeit verdampft ist.

4 Knoblauch pellen, Petersilie waschen und trocknen. Beides fein hacken und mit der Crème fraîche unter das Champignonpüree rühren. Mit Zitronensaft abschmecken.

Steinbutt

1 Die Steinbuttfilets von Haut und Gräten befreien. In einem Topf 1,5 l Wasser, den aufgefangenen Limettensaft, Milch, Lorbeerblatt und Salz 5 Minuten kochen. In diesem Pochiersud bleibt der Fisch schön weiß.

2 Die Fischfilets einlegen und zugedeckt 10 Minuten unterhalb des Siedepunkts pochieren.

Fertigstellen und Anrichten

Kurz vor dem Servieren die kalten Butterstückchen mit dem Pürierstab unter die Sauce montieren, sodass eine leichte Bindung entsteht. Die Limettenfilets in die Sauce geben. Steinbuttfilets mit dem Champignonpüree auf vorgewärmten Tellern anrichten. Mit der Limettensauce umgießen und mit Limettenzeste und Petersilienblättchen garnieren.

Steinbutt mit Steinpilzhaube, Pilzrahmsauce und Petersilienwurzel-Blumenkohl-Püree

Zutaten *Für 4 Personen*

Steinbutt

4 Steinbuttfilets (700 g), ohne Haut und Gräten
etwa 100 ml Sahne
8 schöne Steinpilze
Salz, Pfeffer
1–2 EL Butter, zerlassen

Pilzrahmsauce

1 Schalotte
1 EL Butter
150 ml Sahne
Salz, Pfeffer
2 EL frisch geriebener Parmesan

Petersilienwurzel-Blumenkohl-Püree

2 Petersilienwurzeln
1 kleiner Blumenkohl
½ Bund glatte Petersilie
Salz
100 g Crème fraîche
Pfeffer
etwas Zitronensaft

Ausserdem

Butter für die Form
Petersilienblättchen

Zubereitung

Steinbutt

1 Die Steinbuttfilets rechteckig in Form schneiden, waschen, trocken tupfen und kühl stellen. Die dabei anfallenden Abschnitte (etwa 100 g) für die Farce aufbewahren. Steinbuttabschnitte sowie die Sahne im Tiefkühlfach 12 Minuten vorkühlen.
2 Steinpilze nur trocken mit einem Pinsel säubern und klebrige Stellen mit dem Messer entfernen. Die Pilze in 3 mm dünne Blättchen hobeln.
3 Die gekühlten Steinbuttabschnitte salzen und im Mixer fein pürieren. Dabei so viel eiskalte Sahne zufügen, bis eine streichfähige Farce entsteht.
4 Die Fischfilets salzen, pfeffern und gleichmäßig mit der Farce bestreichen. Dann schuppenartig mit Steinpilzscheiben belegen. Mit etwas flüssiger Butter beträufeln und salzen. Übrig gebliebene Pilzreste für die Sauce beiseitestellen.
5 Steinbuttfilets in eine gebutterte, ofenfeste Form setzen und im vorgeheizten Ofen bei 180 °C und zugeschaltetem Grill 10 Minuten backen.

Pilzrahmsauce

1 Übrig gebliebene Steinpilzreste klein hacken. Butter in einer Pfanne zerlassen und die gehackten Pilze darin anrösten.
2 Die Schalotte schälen und fein hacken. Die Hitze etwas reduzieren und die Schalottenwürfel mit den Pilzen ohne zu bräunen glasig dünsten.
3 Sahne einrühren und die Sauce etwas einkochen lassen. Mit Salz und Pfeffer abschmecken und mit Parmesan verfeinern.

Petersilienwurzel-Blumenkohl-Püree

1 Die Petersilienwurzeln schälen und in kleine Würfel schneiden. Den Blumenkohl vom Strunk befreien und in Röschen teilen.
2 Petersilienwurzeln und Blumenkohl in Salzwasser (10 g/Liter) weich kochen, abgießen und gut ausdampfen lassen. Beides mit dem Mixstab fein pürieren und die Crème fraîche einrühren.
3 Petersilie waschen, trocknen, die Blättchen zupfen und fein hacken. Das Püree mit Salz, Pfeffer und Zitronensaft abschmecken und die Petersilie unterheben.

Anmerkung

Steinpilze kann man nicht züchten. Sie müssen nach wie vor im Wald gesammelt werden, was sie natürlich teuer macht. Ihr besonderer kulinarischer Wert ist ihr feiner mineralischer Geschmack. Um ihn zu erhalten, sollten Sie Steinpilze nur frisch verwenden. Diese teuren Waldpilze sollten möglichst frei von Maden sein. Zur Kontrolle einen Stiel vom Hut brechen oder einen Pilz vom Händler aufschneiden lassen. Vereinzelte Maden sind harmlos und lassen sich leicht herausschneiden.

Fertigstellen und Anrichten

Das Petersilienwurzel-Blumenkohl-Püree in einer schönen Form auf vorgewärmte Teller streichen. Die Steinbuttfilets daraufsetzen. Mit der Pilzrahmsauce umgießen und mit ein paar Blättchen Petersilie garnieren.

Schnell & einfach

Steinpilze lassen sich durch leichter und preiswerter zu beschaffende Champignons ersetzen. Auch Champignons werden möglichst nicht gewaschen, sondern trocken gereinigt. Dafür mit dem Messer die Haut der Champignonköpfe abziehen und die dunklen Lamellen unter den Köpfen sowie trockene Stiele entfernen.

STEINBUTT IN WIRSING MIT KERBELSAUCE

ZUTATEN *Für 4 Personen*

STEINBUTT IN WIRSING
600 g Steinbuttfilet
1 kleiner Kopf Wirsing
1 Möhre
1 kleines Stück Knollensellerie
1 Schalotte
Salz, Pfeffer
100 ml Sahne

WIRSINGPÜREE
restliche Wirsingblätter
1 Möhre
1 Zwiebel
1 Knoblauchzehe
1 EL Butter
1 EL Olivenöl
150 g Crème fraîche
200 ml Geflügelfond
1 Glas Weißwein (100 ml)
Salz, Pfeffer
Muskat

KERBELSAUCE
1 Bund Kerbel
1 Schalotte
1 EL Butter
1 Glas Weißwein (100 ml)
100 ml Fischfond
150 ml Sahne
Salz, Pfeffer

AUSSERDEM
Kerbelblättchen zum Garnieren

ANMERKUNG
Versuchen Sie, Fisch aus Wildfang zu bekommen. Steinbutt (franz. turbot, ital. rombo chiodato, span. rodaballo) kommt nur in europäischen Gewässern vom Mittelmeer bis zu den Lofoten vor. Sein Hauptfanggebiet, die Nordsee, gilt als überfischt. Statt der bis zu 1 m langen und 12 kg schweren Fische aus Wildfang mit vorzüglichem, festem weißem Fleisch werden zunehmend kleine Zuchtfische angeboten. Sie wiegen maximal bis zu 2 kg. Ihr Fleisch ist sehr weich und neigt bei der Zubereitung zum Zerfallen.

ZUBEREITUNG

STEINBUTT IN WIRSING
1 Aus dem Wirsing den Strunk kegelförmig herausschneiden und die Blätter abtrennen. 8 schöne, große Blätter auswählen und in kochendem Wasser 3 Minuten blanchieren. Eiskalt abschrecken, trocken tupfen und die dicken Blattrippen entfernen. Die restlichen Wirsingblätter für das Wirsingpüree beiseitelegen.
2 Möhre, Sellerie und Schalotte putzen und in feine Würfelchen schneiden. Über Wasserdampf oder in kochendem Wasser bissfest garen. Abgießen, abtropfen und auskühlen lassen.
3 Das Fischfilet in 4 schöne Scheiben schneiden und kühl stellen. Die dabei anfallenden Abschnitte (etwa 100 g) grob würfeln und mit der Sahne 12 Minuten im Tiefkühlfach vorkühlen.
4 Die vorgekühlten Steinbuttabschnitte salzen, pfeffern und im Mixer fein pürieren. Dabei so viel eiskalte Sahne zufügen, bis eine streichfähige Farce entsteht. Die erkalteten Gemüsewürfelchen unter die Farce heben.
5 Von den blanchierten Wirsingblättern jeweils 2 überlappend zu einem Rechteck auslegen. Die Fischfarce daraufstreichen und die Steinbuttfilets in die Mitte setzen. Fest in die Wirsingblätter einschlagen.
6 Die Steinbutt-Wirsing-Päckchen in einen Dämpfeinsatz geben und 10 Minuten dämpfen. Oder mit Butterflöckchen belegt im vorgeheizten Backofen bei 160 °C 12 Minuten garen.

WIRSINGPÜREE
1 Von den restlichen Wirsingblättern die dicken Blattrippen entfernen und den Wirsing in kochendem Salzwasser (10 g/Liter) knapp gar kochen. In eiskaltem Wasser abschrecken. Mit den Händen in kleinen Portionen aus dem Wirsing so viel Wasser wie möglich herauspressen. Den ausgepressten Wirsing mit dem Messer klein schneiden.
2 Möhre und Zwiebel schälen und fein würfeln. Knoblauch pellen und in feine Scheiben schneiden.
3 In einem Topf Butter und Olivenöl erhitzen. Die Möhren- und Zwiebelwürfel mit den Knoblauchscheibchen darin andünsten. Crème fraîche zufügen und sämig einkochen.
4 Den fein geschnittenen Wirsing zufügen und in der Gemüsesahne erwärmen. Dabei unter Rühren so viel Geflügelfond und Weißwein angießen, bis ein schönes Püree entsteht. Noch einmal kurz aufkochen und mit Salz, Pfeffer und Muskat abschmecken.

KERBELSAUCE
1 Kerbel waschen, trocknen und die Blättchen abzupfen. Die Kerbelstiele klein schneiden, die Schalotte schälen und fein würfeln.
2 Butter in einer Kasserolle zerlassen und die Kerbelstiele sowie die Schalottenwürfel darin hell andünsten. Weißwein und Fischfond zufügen und die Flüssigkeit auf ein Drittel reduzieren. Durch ein feines Sieb passieren.
3 Sahne zufügen und die Sauce nochmals etwas einkochen. Mit Salz und Pfeffer abschmecken und die Kerbelblättchen unterrühren.

Fertigstellen und Anrichten
Die Steinbutt-Wirsing-Päckchen auf vorgewärmte Teller setzen und halbieren. Das Wirsingpüree zufügen. Mit der Kerbelsauce umgießen und mit einigen Kerbelblättchen garnieren.

Rotbarben auf Bohnen-Aprikosen-Püree mit Basilikum-Essenz

Zutaten *Für 4 Personen*

Bohnen-Aprikosen-Püree

150 g getrocknete große weiße Bohnen
3 Salbeiblätter
½ Zwiebel
100 g getrocknete Aprikosen
50 ml Olivenöl
Meersalz

Basilikum-Essenz

1 Bund Basilikum
2 Knoblauchzehen
1 EL Pinienkerne
100 ml Olivenöl
Meersalz

Rotbarben

4 küchenfertige Rotbarben
2 EL Olivenöl
Salz, Pfeffer

Ausserdem

1 EL rosa Pfefferkörner
Basilikumblättchen

Anmerkung

Rotbarben oder Meerbarben (franz. rouget, ital. triglia, span. salmonete) gehören zu den schmackhaftesten, jedoch auch teuersten Fischen. Sie kommen in zwei unterschiedlichen Arten hauptsächlich im Mittelmeer vor. Die rote Meerbarbe wird höchstens 25 cm, die gestreifte Meerbarbe (mit gelben Seitenstreifen) bis maximal 40 cm lang. Typisch sind ihre langen fleischigen Bartfäden. Die Leber dieser Fische ist eine besondere Delikatesse. In Frankreich werden frische Meerbarben nicht ausgenommen und mit den Innereien im Ganzen gegrillt. Meerbarben haben keine Galle. Bei Tisch werden die Innereien dann mit Butter, Petersilie, Salz, Pfeffer und Zitronensaft zu einer Sauce gemischt.

Zubereitung

Bohnen-Aprikosen-Püree

1 Die weißen Bohnen über Nacht in reichlich Wasser einweichen. Am nächsten Tag mit dem Einweichwasser, den Salbeiblättern und der Zwiebel in einem Topf langsam zum Kochen bringen. Alles einmal aufkochen und die Hitze reduzieren. Die Bohnen zugedeckt etwa 2 Stunden bei 90 °C gar ziehen lassen. Die Kochzeit lässt sich bei getrockneten Bohnen nicht genau vorhersagen. Deshalb gegen Ende der Kochzeit wiederholt eine Garprobe machen. Weiße Bohnen dürfen nie zu stark erhitzt werden, sonst werden sie zäh und ledrig.

2 Die getrockneten Aprikosen in ½ l Wasser 10 Minuten kochen. Die weichen Bohnen abgießen, abtropfen lassen und zu den Aprikosen geben.

3 Alles noch einmal kurz aufkochen. Die Kochflüssigkeit abgießen und die Bohnen mit den Aprikosen im Mixer pürieren. Olivenöl unterrühren und das Bohnen-Aprikosen-Püree mit Salz abschmecken.

Basilikum-Essenz

1 Basilikum waschen, die Blätter abzupfen und vorsichtig mit einem Tuch trocknen. Knoblauch pellen und grob zerkleinern.

2 Basilikumblätter mit Pinienkernen und Knoblauch im Mixer pürieren. Dabei langsam das Olivenöl zugießen. Die Basilikum-Essenz mit Meersalz abschmecken.

Zubereitung

Rotbarben

1 Die Rotbarben gut schuppen und filetieren. Die kleine Grätenreihe aus den Filets von innen mit einem V-förmigen Schnitt heraustrennen, ohne die äußere Haut zu verletzen. Die Fischfilets waschen und trocken tupfen.

2 Olivenöl in einer Pfanne erhitzen und die Rotbarbenfilets darin auf der Hautseite knapp 2 Minuten braten. Den Fisch mit Salz und Pfeffer würzen. Wenden und die Filets auf der Innenseite nur noch einige Sekunden braten. Sofort aus der Pfanne nehmen.

Fertigstellen und Anrichten

Rotbarbenfilets und Bohnen-Aprikosen-Püree auf vorgewärmten Tellern anrichten. Das Püree mit rosa Pfefferkörnern bestreuen. Die Basilikum-Essenz über den Fisch träufeln. Mit Basilikumblättchen garnieren.

Schnell & einfach

Zur Herstellung des Pürees lassen sich ersatzweise auch etwa 350 g dicke weiße Bohnen aus dem Glas verwenden. In diesem Fall die Bohnen abgießen, unter fließendem Wasser abspülen und gut abtropfen lassen. Mit den Aprikosen aufkochen.

Rotbarben auf Artischocken-Risotto mit Petersilien-Pesto

Zutaten *Für 4 Personen*

Artischocken-Risotto
8 kleine Artischocken
Saft von 1 Zitrone
1 Schalotte
2 EL Olivenöl
300 g Risotto-Reis (2 Tassen)
1 Glas Weißwein (100 ml)
800 ml heißer Geflügelfond
2 EL Butter, in Stücken
2 EL fein gehackte glatte Petersilie
Salz, Pfeffer

Petersilien-Pesto
1 Bund glatte Petersilie
2 Knoblauchzehen
2 EL gehackte Mandeln
etwas Meersalz
100 ml Olivenöl
50 g frisch geriebener Parmesan

Rotbarben
4 küchenfertige Rotbarben
2 EL Olivenöl
Salz, Pfeffer

Ausserdem
Petersilienblättchen

Zubereitung

Artischocken-Risotto
1 Die Stiele der Artischocken abschneiden. Etwa 1/3 der äußeren Blätter entfernen. Die Artischockenböden mit dem Schälmesser säubern und glätten. Von den restlichen Blättern der Artischocken mindestens die obere Hälfte abschneiden.
2 Die Artischocken halbieren und mit einem Teelöffel das Heu entfernen. Alle Artischockenhälften nochmals teilen und sofort in Zitronenwasser legen, damit sie sich nicht verfärben.
3 Die Schalotte schälen und fein hacken. Olivenöl in einem Topf erhitzen und die Schalottenwürfel darin glasig andünsten. Reis zufügen und unter Rühren glasig werden lassen. Mit Weißwein ablöschen und den Wein verdampfen lassen. Heißen Geflügelfond und die abgetropften Artischockenviertel zufügen. Den Risotto 18 Minuten kochen. Dabei gelegentlich umrühren, damit nichts ansetzt. Der Risotto sollte dann eine cremig flüssige Konsistenz haben. Wird der Reis zu trocken, noch etwas Fond zufügen.
4 Butterstückchen und gehackte Petersilie unterrühren und mit Salz und Pfeffer würzen. Noch 5 Minuten zugedeckt neben dem Herd ruhen lassen.

Petersilien-Pesto
1 Petersilie waschen, die Blättchen abzupfen und gut trocknen. Knoblauch pellen und grob zerkleinern.
2 Die Petersilie mit gehackten Mandeln, Knoblauch und Meersalz im Mixer pürieren. Dabei langsam so viel Olivenöl zugießen, bis eine homogene, dickflüssige Sauce entsteht. Zum Schluss den geriebenen Parmesan unter das Pesto heben.

Rotbarben
1 Die Rotbarben gut schuppen und filetieren. Die kleine Grätenreihe aus den Filets von innen mit einem V-förmigen Schnitt heraustrennen, ohne die äußere Haut zu verletzen. Die Fischfilets waschen und trocken tupfen.
2 Olivenöl in einer Pfanne erhitzen und die Rotbarbenfilets darin auf der Hautseite knapp 2 Minuten braten. Den Fisch mit Salz und Pfeffer würzen. Wenden und die Filets auf der Innenseite nur noch einige Sekunden braten. Sofort aus der Pfanne nehmen.

Fertigstellen und Anrichten
Den Artischocken-Risotto auf vorgewärmte Teller verteilen, die gebratenen Rotbarbenfilets darauf anrichten, mit Petersilien-Pesto umgießen und mit Petersilienblättchen garnieren.

Schnell & einfach
Der Artischocken-Risotto ist ein vollständiges Gericht für sich. Die Rotbarben lassen sich gut durch Garnelen, Flusskrebse aus dem Glas oder Kamtschatka-Krabbenfleisch ersetzen. Statt Petersilien-Pesto Basilikum-Pesto verwenden.

Gefüllte Dorade auf Fenchelpüree mit Champagner-Vanille-Sauce

Zutaten *Für 4 Personen*

Gefüllte Dorade

4 küchenfertige Doraden
1 Knoblauchzehe
50 g Butter
2 Scheiben altbackenes Weißbrot
1 Bio-Zitrone
2 EL Crème fraîche
½ TL Zucker
Salz, Pfeffer
2 EL gehackte Petersilie
2 Eigelbe
2 EL Olivenöl

Fenchelpüree

2 bis 3 Fenchelknollen, je nach Größe
1 Schalotte
2 EL Olivenöl
100 ml Weißwein
1 TL Fisch-Demi-Glace
3 EL Crème fraîche
1 TL Zucker
Saft von 1 Zitrone
Salz, Pfeffer

Champagner-Vanille-Sauce

1 Schalotte
1 EL Butter
50 ml Noilly Prat
100 ml Champagner
200 ml Fischfond
½ Vanilleschote
100 g Crème double
Salz, Pfeffer
kalte Butter, in Stücken

Ausserdem

2 Möhren, geschält und fein gewürfelt
Fenchelherzen
Fenchelgrün
1 EL Butter
Salz, Pfeffer

Zubereitung

Gefüllte Dorade

1 Die Doraden waschen, filetieren, vollständig entgräten und kühl stellen.
2 Die Knoblauchzehe pellen und fein würfeln. Butter in einer Kasserolle aufschäumen und die Knoblauchwürfel darin hell andünsten.
3 Das Weißbrot entrinden, durch einen Metallseiher zum sogenannten „mie de pain" fein reiben und zu den Knoblauchwürfeln geben. Die Zitrone heiß waschen, trocknen und die Schale zur Hälfte abreiben. Eine halbe Zitrone auspressen und den Saft aufbewahren. Die geriebene Zitronenschale mit der Crème fraîche in die Kasserolle geben und verrühren.
4 Die Kasserolle vom Herd nehmen und die Masse mit Zitronensaft, Zucker, Salz und Pfeffer würzen. Gehackte Petersilie und die Eigelbe unterrühren, sodass eine streichfähige Masse entsteht.
5 Eine Doradenhälfte mit der Hautseite nach unten auf die Arbeitsfläche legen. Die Füllung gleichmäßig auftragen. Die andere Doradenhälfte darauflegen und leicht andrücken.
6 Olivenöl in einer Pfanne erhitzen und die Dorade darin von jeder Seite 1 Minute braten. Die angebratenen Doraden in eine ofenfeste Form legen. Im vorgeheizten Backofen bei 180 °C in 10 Minuten fertig garen.

Fenchelpüree

1 Fenchel waschen, das Grün abzupfen und beiseitelegen. Die Knollen halbieren, das feste Fenchelherz keilförmig herausschneiden und für die Dekoration beiseitestellen. Alle Fenchelhälften würfeln.
2 Die Schalotte schälen und fein hacken. Olivenöl in einem Topf erhitzen und die Schalottenwürfel darin glasig dünsten.
3 Die Fenchelwürfel über Wasserdampf weich dämpfen. Fenchel- und Schalottenwürfel im Mixer fein pürieren und durch ein Sieb in einen Topf passieren.
4 Weißwein, Fisch-Demi-Glace und Crème fraîche zufügen und alles sämig einkochen. Das Fenchelpüree mit Zucker, Zitronensaft, Salz und Pfeffer abschmecken.

Champagner-Vanille-Sauce

1 Die Schalotte schälen und fein hacken. Butter in einer Kasserolle zerlassen und die Schalotte darin glasig dünsten. Mit Noilly Prat ablöschen, kurz aufkochen und verdampfen lassen. Zwei Drittel des Champagners sowie den Fischfond zugeben und 3 Minuten kochen.
2 Die Vanilleschote längs halbieren und das Mark herauskratzen. Vanilleschote und das Mark mit der Crème double in die Sauce geben. Einmal aufkochen und einige Minuten ziehen lassen.
3 Die Sauce durch ein feines Sieb passieren. Erneut erhitzen und etwas reduzieren. Mit Salz und Pfeffer abschmecken.

Fertigstellen und Anrichten

Die beiseitegestellten Fenchelherzen und die Möhre sehr fein würfeln. In einer Pfanne in Butter bissfest dünsten und mit Salz und Pfeffer würzen. Die Sauce erwärmen und das restliche Drittel Champagner zufügen. Mit dem Pürierstab die kalten Butterstücke untermontieren. Die gefüllten Doraden mit dem Fenchelpüree auf vorgewärmten Tellern anrichten. Mit der Champagner-Vanille-Sauce umgießen. Möhren- und Fenchelwürfel mit dem gehackten Fenchelgrün darüberstreuen.

Dorade Royale auf Ingwer-Möhren-Püree mit Koriander-Pesto

Zutaten *Für 4 Personen*

Ingwer-Möhren-Püree
10 Möhren (etwa 500 g)
½ kleine Chilischote
Salz, 2 EL geriebener Ingwer
2 EL Olivenöl
1 TL Zucker
Saft von ½ Zitrone
Pfeffer
2 EL fein gehacktes Koriandergrün

Koriander-Pesto
1 Bund Koriandergrün
2 Knoblauchzehen
100 g frische Mandelkerne, geschält
100 ml Olivenöl
Salz, Pfeffer
50 g frisch geriebener Pecorino

Dorade
2 küchenfertige Doraden (Goldbrassen)
Salz, Pfeffer
1 EL Butter
1 EL Olivenöl
etwas Zitronensaft

Ausserdem
einige Korianderblättchen

Anmerkung
Doraden (franz. Daurade, ital. Dentice, span. dentón) heißen bei uns auch Mittelmeerbrassen, weil sie dort besonders häufig vorkommen. Die bekannteste und schmackhafteste Art dieser großen Fischfamilie ist die Goldbrasse oder Dorade Royale. Die meisten Arten kommen auch im Atlantik bis hinauf zum Ärmelkanal vor. Heute werden sie mit großem Erfolg gezüchtet. Die kulinarisch hochwertige Goldbrasse erkennen Sie am goldenen Band, das zwischen den Augen quer über den Kopf verläuft.

Zubereitung

Ingwer-Möhren-Püree
1 Die Möhren schälen und in grobe Stücke schneiden. Von der Chilischote Stielansatz, Scheidewände und Samen entfernen.
2 Möhren in Salzwasser weich kochen, abgießen und ausdampfen lassen. Mit den übrigen Zutaten mit Ausnahme des Koriandergrüns in den Mixer geben und fein pürieren. Anschließend die gehackten Korianderblättchen unterheben.

Koriander-Pesto
1 Das Koriandergrün waschen, trocknen und die Blättchen abzupfen. Knoblauch pellen und grob hacken.
2 Die Mandeln mit Korianderblättchen, Knoblauch und Olivenöl im Mixer pürieren.
3 Das Koriander-Pesto mit Salz und Pfeffer abschmecken und den geriebenen Pecorino unterrühren.

Dorade

1 Die Doraden sehr gut schuppen, waschen und filetieren. Die seitliche kleine Grätenreihe auf der Innenseite der Filets V-förmig herausschneiden, ohne die äußere Haut zu verletzen.

2 Die Filets trocken tupfen und mit Salz und Pfeffer würzen. In einer Pfanne Butter und Olivenöl erhitzen und die Filets darin auf der Hautseite 5 Minuten braten.

3 Die Doradenfilets wenden, die Pfanne vom Herd nehmen und den Fisch auf der Fleischseite noch eine halbe Minute ziehen lassen. Sofort aus der Pfanne nehmen und mit etwas Zitronensaft beträufeln.

Fertigstellen und Anrichten

Das Ingwer-Möhren-Püree auf vorgewärmte Teller verteilen. Die Doradenfilets darauf anrichten und mit Koriander-Pesto überziehen. Alles mit ein paar Tupfen Pesto und Korianderblättchen garnieren.

DORADE MIT LAVENDELÖL AUF PESTO-KARTOFFELN

ZUTATEN *Für 4 Personen*

LAVENDEL-PESTO
- 2 Knoblauchzehen
- 3 EL Pinienkerne
- 50 ml Lavendelöl
- 50 ml Olivenöl
- Salz, Pfeffer
- 1 TL Lavendelblüten
- 50 g frisch geriebener Pecorino

PESTO-KARTOFFELN
- 500 g festkochende Kartoffeln
- 1 kleine Zwiebel
- 50 ml Kalbsfond
- 1 TL Dijon-Senf
- Salz, Pfeffer

DORADE
- 4 Doradenfilets
- 2 EL Lavendelöl
- 1 EL Butter
- Salz, Pfeffer

AUSSERDEM
- Cocktailtomaten
- Basilikumblättchen

ANMERKUNG
Lavendelöl, Lavendelblüten und -blätter sollen stets sparsam verwendet werden. Feine Blattspitzen sind in jeder klassischen Gewürzmischung „Kräuter der Provence“ enthalten. Zerrieben passen Lavendelblüten und -blätter frisch oder getrocknet gut zu mediterranen Fischsuppen, Kräuterbutter und Lammfleisch.

Zubereitung

Lavendel-Pesto

1 Knoblauch pellen und grob zerkleinern. Knoblauch, Pinienkerne, Lavendel- und Olivenöl im Mixer fein pürieren. Mit Salz und Pfeffer abschmecken.

2 Lavendelblüten und den geriebenen Pecorino unter das Pesto heben.

Pesto-Kartoffeln

1 Die Kartoffeln gar kochen, abgießen und ausdampfen lassen. Pellen und in kleine Würfel schneiden.

2 Die Zwiebel schälen und fein würfeln. Zwiebelwürfel mit Kalbsfond, Senf, 4 EL Lavendel-Pesto, Salz und Pfeffer zu einer Sauce verrühren.

3 Die Sauce mit den warmen Kartoffelwürfeln mischen. Mit Salz und Pfeffer abschmecken und eine halbe Stunde durchziehen lassen.

Dorade

1 Doradenfilets waschen und trocken tupfen. Die kleine Grätenreihe in den Filets durch einen V-förmigen Schnitt entfernen, ohne die äußere Haut zu verletzen.

2 Lavendelöl und Butter in einer Pfanne erhitzen. Die Fischfilets darin auf der Hautseite 4 Minuten braten und mit Salz und Pfeffer würzen.

3 Die Doradenfilets wenden und 1 Minute auf der anderen Seite braten. Dann sofort aus der Pfanne nehmen.

Fertigstellen und Anrichten

Pesto-Kartoffeln auf vorgewärmten Tellern verteilen und die Doradenfilets daraufsetzen. Mit halbierten Cocktailtomaten, Basilikumblättchen und Lavendel-Pesto garnieren.

Red Snapper mit Cassis-Senfcreme und Zucchini-Püree

Zutaten *Für 4 Personen*

Zucchini-Püree
5 große Zucchini
2 Bund Lauchzwiebeln
(etwa 15 % des Gewichts der Zucchinimenge)
3–4 EL Olivenöl
Salz, Pfeffer
etwas Zitronenthymian

Red Snapper
4 Stück Red-Snapper-Filet (600 g)
Salz, Pfeffer
1 EL Olivenöl

Cassis-Senfcreme
1 Ei
1 EL roter Cassis-Dijon-Senf
50 ml Milch
Salz
1 EL Butter

Ausserdem
1 EL Olivenöl für die Form
Zitronenthymian

Zubereitung

Zucchini-Püree
1 Von den Zucchini die Stiel- und Blütenansätze abschneiden. Senkrecht stellen und jeweils auf allen vier Seiten eine etwa 5 mm dicke Scheibe abschneiden und grob zerkleinern. Den inneren Teil mit den wässrigen Kernen wegwerfen. Lauchzwiebeln putzen und den weißen Teil in etwa 3 cm lange Stücke schneiden.
2 Die Zucchinistücke mit den Lauchzwiebeln im Dämpfeinsatz eines Topfes in Wasserdampf oder im Dampfgarer weich garen.
3 Zucchini und Lauchzwiebeln gut abtropfen lassen. Im Mixer fein pürieren und dabei das Olivenöl zufügen. Das Püree mit Salz, Pfeffer und Zitronenthymian würzen.

Red Snapper
1 Den Backofen auf 80 °C vorheizen. Die Fischfilets waschen, trocken tupfen und mit Salz und Pfeffer würzen.
2 Eine ofenfeste Form mit Olivenöl ausstreichen. Die Fischfilets einlegen und mit Olivenöl beträufeln. Im vorgeheizten Ofen je nach Dicke der Filets 8 bis 12 Minuten backen. Der Fisch sollte gerade eben gar und noch zart sein.

Cassis-Senfcreme
1 Das Ei, den Senf und die Milch in einer Schüssel mit dem Schneebesen schaumig schlagen und salzen.
2 In einer Kasserolle die Butter zerlassen und die Senfmischung hineingeben. Alles schnell erhitzen und mit dem Schneebesen aufschlagen, bis die Sauce cremig wird. Sofort vom Feuer nehmen und bei geringer Temperatur warm halten.

Anmerkung
Red Snapper findet man heute auf den Fischmärkten der ganzen Welt. Er ist ein importierter Fisch aus tropischen Gewässern. Mit 2 bis 3 kg Maximalgewicht wird er nicht besonders groß. Er hat wenig Gräten, festes weißes Fleisch und ist für alle Zubereitungsarten geeignet. Allerdings neigt er dazu, schnell fest und trocken zu werden. Am besten gelingt Red Snapper beim Pochieren oder Backen im Ofen bei geringer Temperatur und kurzer Garzeit.

Fertigstellen und Anrichten
Die gebackenen Fischfilets mit dem Zucchini-Püree auf vorgewärmten Tellern anrichten. Einige Tupfen Cassis-Senfcreme danebenträufeln und alles mit Zitronenthymian garnieren.

Seeteufelfilet im Zucchinimantel auf Minz-Gemüse-Sauce

Zutaten *Für 4 Personen*

Seeteufel
600 g Seeteufelfilet
je 1 große gelbe und grüne Zucchini
Salz, Pfeffer
1 EL Olivenöl

Minz-Gemüse-Sauce
1 Zwiebel
1 Knoblauchzehe
je 1 kleine gelbe und grüne Zucchini
1 EL Olivenöl
1 EL Butter
1 TL Zucker
2 EL Zitronensaft
150 g Crème fraîche
2 EL grob gehackte Minze
Salz, Pfeffer

Außerdem
1 EL Olivenöl für die Form
Minzeblättchen

Anmerkung
Seeteufel (franz. lotte, ital. rospo, span. rape) muss besonders sorgfältig von allen Hautschichten befreit werden. Das feste weiße Fleisch eignet sich für viele Zubereitungen. Von der Konsistenz her ist es sogar eine gute Ergänzung zu Hummer. Sein hässlicher Kopf, der lange Zeit die Verbraucher vor diesem Fisch zurückschrecken ließ, eignet sich für die Herstellung von Fischbrühen und Suppen.

Zubereitung

Seeteufel
1 Das Seeteufelfilet waschen, sorgfältig von allen Häutchen befreien und kühl stellen.
2 Von den Zucchini die Stiel- und Blütenansätze abschneiden. Zucchini mit der Aufschnittmaschine oder mit einem Küchenhobel längs in hauchdünne, lange Scheiben schneiden. Die Zucchinischeiben auf einem Küchentuch ausbreiten und salzen. Zum Entziehen des Safts eine halbe Stunde in das Küchentuch einrollen und kühl stellen.
3 Auf einem Küchentuch abwechselnd grüne und gelbe Zucchinischeiben leicht überlappend zu einem Rechteck auslegen. Das Seeteufelfilet mit Salz und Pfeffer würzen und auf das Zucchini-Rechteck legen. Mithilfe des Küchentuches den Fisch fest mit Zucchinischeiben umwickeln und zu einer Rolle formen.
4 Eine ofenfeste Form mit Olivenöl ausstreichen. Den Fisch im Zucchinimantel hineinsetzen und mit Olivenöl beträufeln. Im vorgeheizten Ofen bei 230 °C 15 Minuten garen.

Minz-Gemüse-Sauce
1 Zwiebel und Knoblauch schälen und beides fein hacken. Die Zucchini von Stiel- und Blütenansatz befreien. Von allen 4 Seiten eine 4 mm dicke Scheibe abschneiden und fein würfeln. Die inneren Reste mit den wässrigen Kernen wegwerfen.
2 In einer Kasserolle Olivenöl und Butter erhitzen und die Zwiebelwürfel darin glasig andünsten. Zucchiniwürfel zufügen und 1 Minute mitgaren. Knoblauchwürfel, Zucker, Zitronensaft und Crème fraîche sowie die gehackte Minze unterrühren. Die Sauce 2 Minuten einkochen und mit Salz und Pfeffer abschmecken.

Fertigstellen und Anrichten
Die Minz-Gemüse-Sauce auf vorgewärmte Teller verteilen. Das Seeteufelfilet quer in Medaillons schneiden und auf der Sauce anrichten. Alles mit einigen Blättchen Minze garnieren.

Seeteufel mit Macadamia-Kruste, Macadamia-Pesto und Sahne-Kohlrabi

Zutaten *Für 4 Personen*

Seeteufel
700 g Seeteufelfilet
100 ml Sahne
50 g Macadamianüsse
(etwa 20 Stück)
Salz, Pfeffer

Kohlrabi
4 junge kleine Kohlrabi
Salz
200 g Crème double
Muskat

Macadamia-Pesto
50 g Macadamianüsse
1 Knoblauchzehe
1 Bund Basilikum
100 ml Olivenöl
50 g frisch geriebener Pecorino
Salz, Pfeffer

Ausserdem
Olivenöl für das Blech

Zubereitung

Seeteufel
1 Das Seeteufelfilet waschen und sorgfältig von allen Häutchen befreien. Die Enden geradeschneiden, sodass etwa 100 g Seeteufelabschnitte für die Herstellung der Kruste übrig bleiben. Das Fischfilet kühl stellen.
2 Fischabschnitte und Sahne 12 Minuten im Tiefkühlfach vorkühlen. Die Macadamianüsse in einer beschichteten Pfanne ohne Fett bei geringer Hitze leicht anrösten. Etwas abkühlen lassen und mit einem Messer grob hacken.
3 Die vorgekühlten Fischabschnitte in den Mixer geben, salzen, pfeffern und fein pürieren. Dabei so viel eiskalte Sahne zufügen, bis eine streichfähige Farce entsteht.
4 Die gehackten Macadamianüsse unter die Farce mischen und diese gleichmäßig auf das Fischfilet streichen. Ein Backblech mit Olivenöl fetten. Den Fisch daraufsetzen und im vorgeheizten Ofen bei 220 °C 15 bis 20 Minuten backen.

Kohlrabi
1 Von den Kohlrabi die feinen Herzblättchen abschneiden und beiseitestellen. Die Haut abziehen, größere Exemplare mit harter Schale dünn schälen. Kohlrabi in Würfel schneiden.
2 Kohlrabiwürfel in kochendem Salzwasser (10 g/Liter) 5 Minuten garen, kalt abschrecken und gut abtropfen lassen.
3 Dann die Kohlrabiwürfel mit der Crème double in eine Kasserolle geben und unter Schwenken bissfest garen. Mit Salz und frisch geriebenem Muskat abschmecken.

Macadamia-Pesto
1 Die Macadamianüsse ohne Fett in einer beschichteten Pfanne bei geringer Hitze anrösten und abkühlen lassen. Knoblauch pellen und grob zerkleinern. Basilikum waschen, trocknen und die Blättchen abzupfen.
2 Die Macadamianüsse im Mixer fein hacken. Knoblauch, Basilikum und Olivenöl zufügen und pürieren. Geriebenen Pecorino unterheben und mit Salz und Pfeffer abschmecken.

Anmerkung
Möglichst junge, kleine Kohlrabi kaufen. Ältere große Exemplare können innen holzig sein. Zur Vorbereitung von Kohlrabi zuerst die großen Blattstiele abschneiden. Die feinen Herzblättchen an der Knollenoberfläche aufbewahren. Sie enthalten viel Karotin, Eiweiß und vor allem Vitamin C. Deshalb die zarten Blättchen am besten roh zum Würzen und Garnieren über das Gericht streuen.

Fertigstellen und Anrichten
Das gratinierte Seeteufelfilet in breite Medaillons schneiden und auf vorgewärmte Teller setzen. Die Sahne-Kohlrabi daneben anrichten und mit den Kohlrabi-Herzblättchen bestreuen. Mit Macadamia-Pesto garnieren.

MACADAMIA
Royals
frisch & unbehandelt
125g℮

Seeteufel in Bacon auf Bouillabaisse-Sauce mit Gemüsenudeln

Zutaten *Für 4 Personen*

Seeteufel in Bacon

1 Seeteufel von 1,2 kg
12 Scheiben Bacon
12 Salbeiblätter
Pfeffer
2 EL Olivenöl

Bouillabaisse-Sauce

1 Schalotte
1 Stange Lauch
1 Fenchelknolle
3 EL Olivenöl
100 ml trockener Weißwein
300 ml Fischfond
2 Tomaten
2 Knoblauchzehen
½ TL Zucker
1 Zweig Thymian
1 Zweig Rosmarin
6 Pfefferkörner
1 Lorbeerblatt
Salz
1 g Safranfäden
1 EL Pernod
50 g kalte Butter, in Stücken

Gemüsenudeln

2 Möhren
2–3 grüne oder gelbe Zucchini
1–2 EL Butter
Salz, Pfeffer

Zubereitung

Seeteufel vorbereiten

1 Die beiden Seeteufelfilets von der Mittelgräte lösen, waschen, sorgfältig von allen Häutchen befreien und geradeschneiden.
2 Die anfallenden Fischabschnitte und die Mittelgräte für die Zubereitung der Sauce beiseitelegen und mit den Fischfilets kühl stellen.

Bouillabaisse-Sauce

1 Die Schalotte schälen und fein würfeln. Lauch putzen, waschen und in kleine Würfel schneiden. Fenchel von den äußeren Blättern befreien und würfeln. Das Fenchelgrün beiseitelegen.
2 Olivenöl in einem Topf erhitzen und die Gemüsewürfel darin unter Rühren hell andünsten. Mit Weißwein ablöschen und den Fischfond zufügen.
3 Tomaten vom Stielansatz befreien und hacken. Die gehackten Tomaten mit den Fischabschnitten und der Mittelgräte in die Sauce geben.
4 Knoblauchzehen mit der flachen Messerklinge zerdrücken und mit Zucker, Thymian, Rosmarin, Pfefferkörnern und Lorbeerblatt hinzufügen. Die Sauce 15 Minuten kochen und dabei häufig umrühren, damit nichts ansetzt.
5 Den Topfinhalt durch ein Sieb in eine Kasserolle passieren und alle Zutaten gut ausdrücken. Die Sauce mit Salz würzen und die Safranfäden zufügen. Bei geringer Hitze weitere 5 Minuten köcheln lassen.

Gemüsenudeln

1 Die Möhren schälen und die Zucchini von Stiel- und Blütenansatz befreien. Von beiden Gemüsearten mit einem Sparschäler lange, knapp 1 cm breite Streifen abziehen.
2 Die Möhrenstreifen in einem Dämpfeinsatz über Wasserdampf 4 Minuten garen. Dann die Zucchinistreifen zufügen und 1 weitere Minute dämpfen, bis die Gemüsenudeln al dente sind.
3 Gemüsenudeln in wenig Butter schwenken, mit Salz und Pfeffer würzen und vorsichtig mischen.

Seeteufel in Bacon

1 Die Baconscheiben auf der Arbeitsfläche leicht überlappend zu 2 Rechtecken auslegen. ¼ der Salbeiblätter auf jedes Rechteck legen. Jeweils 1 Seeteufelfilet daraufsetzen und mit Pfeffer würzen. Nicht salzen, da der Bacon Salz enthält. Die restlichen Salbeiblätter auf den Fischfilets verteilen. Beide Filets fest mit Bacon umwickeln.
2 Olivenöl in einer Pfanne erhitzen und die Seeteufelfilets in Bacon darin von allen Seiten knusprig braten.

Fertigstellen und Anrichten

Vor dem Servieren die Sauce erwärmen. Mit Pernod aromatisieren und die kalten Butterstücke mit dem Pürierstab untermontieren. Den Fisch in breite Medaillons schneiden und auf vorgewärmten Tellern anrichten. Mit der Bouillabaisse-Sauce umgießen. Gemüsenudeln zufügen und mit Fenchelgrün garnieren.

Wolfsbarsch in Salz mit Fenchel-Gratin und Petersilien-Essenz

Zutaten *Für 4 Personen*

Wolfsbarsch in Salz

1 küchenfertiger Wolfsbarsch, etwa 1 kg
½ Bund glatte Petersilie
3 Zweige Thymian
1 Zweig Rosmarin
1 Knoblauchzehe
Pfeffer
1 Eiweiß
2 kg grobes Meersalz

Fenchel-Gratin

3–4 Fenchelknollen
1 TL Zucker
Salz, Pfeffer
2 Knoblauchzehen
2 EL gehackte glatte Petersilie
3 EL frisch geriebener Parmesan
2 EL Olivenöl
Saft von 1 Zitrone

Petersilien-Essenz

1 Bund glatte Petersilie
2 Knoblauchzehen
1 EL Pinienkerne
100 ml Olivenöl
Meersalz

Ausserdem

1 EL Olivenöl für die Form
Petersilie

Zubereitung

Wolfsbarsch in Salz

1 Vom ausgenommenen, geschuppten Wolfsbarsch die Flossen abschneiden. Den Fisch waschen und innen und außen mit Küchenpapier sorgfältig trocken tupfen.
2 Petersilie, Thymian und Rosmarin waschen, trocknen und hacken. Knoblauch pellen und ebenfalls fein hacken. Alles mit frisch gemahlenem Pfeffer vermischen und den Fisch damit innen würzen.
3 Eiweiß und Salz gut vermengen. Die Hälfte der Salzmasse in der Form des Fisches auf einem Backblech glatt streichen. Den Fisch darauflegen und mit der restlichen Salzmasse bedecken. Im vorgeheizten Ofen bei 200 °C 25 bis 30 Minuten backen.

Fenchel-Gratin

1 Den Fenchel waschen, das zarte Grün abschneiden und beiseitestellen. Die Knollen so halbieren, vierteln und achteln, dass der Strunk die Blätter zusammenhält. Fenchel in einem Dämpfeinsatz über Wasserdampf oder im Dampfgarer knapp al dente garen.
2 Eine ofenfeste Form mit Olivenöl ausstreichen. Die Fenchel-Achtel nebeneinander in der Form anordnen. Mit Zucker, Salz und Pfeffer würzen.
3 Knoblauch pellen und fein würfeln. Fenchelgrün und Petersilie fein hacken. Mit den Knoblauchwürfeln mischen und über die Fenchel-Achtel verteilen. Parmesan darüberstreuen und mit Olivenöl und Zitronensaft beträufeln. Im vorgeheizten Ofen bei 180 °C solange überbacken, bis sich eine schöne Kruste bildet.

Petersilien-Essenz

1 Petersilie waschen, trocknen und die Blättchen abzupfen. Einige Blättchen für die Garnitur beiseitelegen.
2 Knoblauch pellen und grob zerkleinern. Petersilie und Knoblauch mit den Pinienkernen im Mixer fein pürieren. Dabei langsam das Olivenöl zugießen und mit Salz abschmecken.

Fertigstellen und Anrichten

Den Wolfsbarsch aus dem Ofen nehmen. Die Salzkruste und die Haut des Fisches entfernen. Die Filets von den Gräten lösen und mit dem Fenchel-Gratin auf vorgewärmten Tellern anrichten. Den Fisch mit der Petersilien-Essenz beträufeln und mit Fenchelgrün und Petersilienblättchen garnieren.

Schnell & einfach

Fisch in Salz ist eine besonders sichere und einfache Zubereitungsart. Selbst empfindliche Fische geraten bei dieser optisch ebenso spektakulären wie schonenden Garmethode ganz vorzüglich. In der Salzkruste eingeschlossen bleiben sie wunderbar saftig, trocknen nicht aus und entwickeln ein herrliches Aroma. Für die Kruste eignet sich jedes handelsübliche Salz. Grobes Meersalz ist allerdings wegen der besonderen Struktur und seiner schönen Aromen anderem Salz vorzuziehen.

Anmerkung

Der Wolfsbarsch, auch Seewolf genannt (franz. loup de mer, ital. baranzino, span. lubina), kommt im Mittelmeer und im Atlantik vor. In Freiheit aufgewachsen wird er bis zu 1 m lang. Der teure Wildfang geht meist an die gehobene Gastronomie.
Im Handel werden hauptsächlich kleine Exemplare aus der Zucht angeboten. Sein Fleisch ist angenehm fest und zerfällt nicht bei der Zubereitung. Dadurch gehört er zu den Fischen, die sich vorzüglich auf dem Grill und im Ganzen zubereiten lassen. Er kann aber auch gut filetiert auf der Hautseite in der Pfanne gebraten werden.

Seewolf auf Bohnen-Meeresfrüchte-Ragout

Zutaten *Für 4 Personen*

Bohnen

200 g getrocknete weiße Bohnen
2 Lorbeerblätter
½ Zwiebel, geschält
2 EL Olivenöl

Oktopus

1 Oktopus
20 g Salz
2 Lorbeerblätter
Saft von 1 Zitrone

Muscheln

1 kg Miesmuscheln
1 Schalotte
1 Knoblauchzehe
2 EL Olivenöl
1 Glas Weißwein (100 ml)
200 ml Fischfond

Gemüse

2 Möhren
1 Stück Knollensellerie
1 Stange Lauch
1 Fenchelknolle
1 Schalotte
4 Knoblauchzehen
2 große Tomaten
2 EL Butter
2 EL Olivenöl
Salz, Pfeffer

Seewolf

4 Seewolffilets (400 g), oder Filets anderer festfleischiger Fische
Salz, Pfeffer
1 EL Olivenöl
1 EL Butter

Zubereitung

Bohnen

1 Bohnen über Nacht in 2 l Wasser einweichen. Am nächsten Tag mit dem Einweichwasser, Lorbeerblättern, der Zwiebel und dem Olivenöl kalt aufsetzen.

2 Langsam erhitzen und einmal aufkochen. Die Bohnen zugedeckt bei etwa 90 °C in 2 Stunden gar ziehen lassen. Zwischendurch eine Garprobe machen, da sich die Kochzeit bei getrockneten Bohnen nicht genau vorhersagen lässt. Bohnen dürfen nicht zu stark erhitzt werden, sonst werden sie zäh und ledrig. Die fertigen Bohnen abgießen und abtropfen lassen.

Oktopus

1 Den Oktopus waschen und in 2 l Salzwasser, (10 g Salz /Liter) mit Lorbeerblättern und Zitronensaft kalt aufsetzen. In etwa 60 Minuten weich kochen. Gegen Ende der Garzeit durch Einstechen prüfen, ob er weich ist.

2 Oktopus im Kochsud abkühlen lassen. Kopf und Schnabel entfernen und die Fangarme vom Körper trennen. Den Körper in feine Streifen, die Fangarme in 5 mm dicke Scheiben schneiden.

Muscheln

1 Die Muscheln waschen und säubern. Schalotte und Knoblauch schälen. Die Schalotte fein würfeln, den Knoblauch in dünne Scheiben schneiden.

2 Olivenöl in einem Topf erhitzen, Schalotte und Knoblauch darin hell andünsten. Muscheln zufügen, Weißwein angießen und zugedeckt bei starker Hitze kochen, bis sich die Muscheln öffnen.

3 Noch fest geschlossene Muscheln wegwerfen. Die offenen Muscheln in der Schale mit den Oktopus-Stücken unter die Bohnen heben.

4 Den Muschelsud ohne Bodensatz durch ein vierfach gefaltetes Passiertuch seihen und gemischt mit dem Fischfond über die Bohnen geben.

Gemüse

1 Das Gemüse waschen, schälen oder putzen und in feine Würfel schneiden. Fenchelgrün für die Garnitur beiseitelegen.

2 Butter und Olivenöl in der Pfanne erhitzen und die Gemüsewürfel darin ohne zu bräunen gar dünsten.

3 Tomaten vom Stielansatz befreien, auf der gegenüberliegenden Seite kreuzweise einschneiden und einzeln 10 Sekunden in kochendes Wasser tauchen. Die Tomaten häuten, entkernen und in grobe Würfel schneiden.

4 Die Tomaten- und Gemüsewürfel unter die Bohnen heben. Mit Salz und Pfeffer abschmecken und warm halten.

Seewolf

1 Die Filets waschen und die kleine Grätenreihe V-förmig mit dem Messer herausschneiden. Die Seewolffilets trocken tupfen, salzen und pfeffern.

2 Olivenöl und Butter in einer Pfanne erhitzen und die Filets darin auf der Hautseite 4 Minuten braten. Den Fisch wenden, die Pfanne vom Herd nehmen und die Filets auf der anderen Seite noch 1 Minute ziehen lassen.

Fertigstellen und Anrichten

Das Meeresfrüchte-Ragout auf vorgewärmte Teller geben und jeweils 1 gebratenes Seeteufelfilet darauf anrichten. Mit Fenchelgrün und Zitronenspalten garnieren.

Schnell & einfach

Dieses Gericht lässt sich auch mit anderen festfleischigen Seefischen zubereiten. Verwenden Sie statt getrockneter Bohnen 350 g große weiße Bohnen aus dem Glas. Diese in ein Sieb geben, gut abspülen und abtropfen lassen.

Anmerkung

Es ist wichtig, den Oktopus richtig weich zu kochen. Besonders zart wird Oktopus, wenn er vor dem Kochen mindestens eine Woche eingefroren war.

Wolfsbarsch auf Mandel-Kartoffel-Schaum mit Trüffeln

Zutaten *Für 4 Personen*

Mandel-Kartoffel-Schaum
- 50 g gehackte Mandeln
- 500 g mehligkochende Kartoffeln
- 100 g Butter, in Stücken
- heiße Milch
- Salz

Trüffel
- 40 g schwarze Wintertrüffel
- 1 EL Butter
- 2 EL Portwein
- 100 ml Sahne
- Salz, Pfeffer

Wolfsbarsch
- 4 Wolfsbarschfilets mit Haut
- Salz, Pfeffer
- 1 EL Olivenöl
- 2 EL Butter

Außerdem
- geröstete Mandelstifte
- Blattsalate der Saison

Zubereitung

Mandel-Kartoffel-Schaum
1 Die Mandeln in einer beschichteten Pfanne ohne Fett leicht anrösten.
2 Kartoffeln schälen, in Wasser gar kochen, abgießen und ausdampfen lassen. Noch heiß zweimal durch die Kartoffelpresse drücken.
3 Butter in kleinen Stücken in die Kartoffelmasse einarbeiten. Die heiße Milch unter Rühren zugießen, bis das Püree die gewünschte Konsistenz hat. Mit dem Schneebesen schaumig rühren und mit Salz abschmecken. Die Mandeln unterheben und warm halten.

Trüffel
1 Die Trüffel mit einer harten Bürste unter fließendem Wasser gründlich säubern. Hauchdünn schälen und in feine Scheiben schneiden. Die Schalen für ein anderes Gericht verwenden.
2 Butter in einer Pfanne zerlassen und die Trüffelscheiben darin 3 Minuten anbraten. Mit Portwein ablöschen und Sahne zufügen. Bei geringer Hitze etwas einkochen lassen. Mit Salz und Pfeffer würzen.

Wolfsbarsch
1 Die Wolfsbarschfilets waschen und die kleine Grätenreihe durch einen V-förmigen Schnitt mit dem Messer herausschneiden. Die Fischfilets trocken tupfen und mit Salz und Pfeffer würzen.
2 Olivenöl und Butter in einer Pfanne erhitzen und die Wolfsbarschfilets darin auf der Hautseite 4 Minuten braten. Die Fischfilets wenden und auf der anderen Seite noch 1 Minute weiterbraten.

Fertigstellen und Anrichten
Den Mandel-Kartoffel-Schaum auf vorgewärmte Teller verteilen und die gebratenen Wolfsbarschfilets darauf anrichten. Trüffelscheibchen in der Sahne darüber verteilen. Mit einigen bunten Salatblättchen und gerösteten Mandelstiften garnieren.

Schnell & einfach
Ersetzen Sie die frische Trüffel durch Trüffel-Carpaccio aus dem Glas. Besonders gut verbindet sich das intensive Trüffelaroma mit dem Mandel-Kartoffel-Schaum. Mischen Sie daher neben einigen Trüffelscheibchen auch etwas vom Trüffelöl unter das Püree.

Thunfisch in Senfkorn-Panade mit Kohlrabi-Safran-Püree und schwarzem Olivenöl

Zutaten *Für 4 Personen*

Thunfisch in Senfkorn-Panade

1 Ei
8 EL Senfkörner
500 g Thunfischfilet
Salz, Pfeffer
Mehl
2 EL Olivenöl

Kohlrabi-Safran-Püree

3 kleine junge Kohlrabi
Salz
3 EL Olivenöl
1 g Safranfäden
Pfeffer

Schwarzes Olivenöl

100 g schwarze Oliven mit Stein
50 ml Olivenöl

Anmerkung

Thunfische bilden eine große Fischfamilie und kommen in allen Weltmeeren vor. Bei uns wird meist der Rote Thunfisch (franz. thon, ital. tonno, span. atún) angeboten. Achten Sie beim Einkauf darauf, dass er hellrot ist und Sushi-Qualität hat. Dunkle Stellen im roten Fleisch, besonders im Bereich der Wirbel, deuten auf geronnenes Blut hin. Es enthält toxisches Adrenalin, welches während des Fangs ins Blut der Fische gelangt. (Diese Stellen müssen gründlich entfernt werden.)

Zubereitung

Thunfisch in Senfkorn-Panade

1 Das Ei in einem tiefen Teller verquirlen und die Senfkörner auf einen anderen Teller geben. Das Thunfischfilet waschen, trocknen und in 4 gleich große Stücke teilen. Salzen, pfeffern und leicht mit Mehl bestäuben, überschüssiges Mehl abklopfen.

2 Die Thunfischstücke erst durch das Ei ziehen, dann in den Senfkörnern wenden. Die Panade leicht andrücken.

3 Olivenöl in einer Pfanne erhitzen und die Thunfischfilets darin von beiden Seiten jeweils maximal 30 Sekunden anbraten. Dann im vorgeheizten Ofen bei 80 °C in 4 Minuten fertig garen.

Kohlrabi-Safran-Püree

1 Die Herzblättchen von den Kohlrabi zupfen und für die Garnitur aufbewahren. Die Haut abziehen und die Kohlrabi in kleine Würfel schneiden. In kochendem Salzwasser (10 g/Liter) 5 Minuten garen, abgießen und gut abtropfen lassen.

2 Olivenöl in einem Topf erhitzen. Kohlrabiwürfel und Safran darin langsam weich dünsten. Kohlrabi im Mixer pürieren und mit Salz und Pfeffer würzen.

Schwarzes Olivenöl

1 Am Vortag die schwarzen Oliven entsteinen und das Fruchtfleisch über Nacht bei 80 °C im Backofen trocknen.

2 Von den getrockneten Oliven 50 g abwiegen und mit dem Olivenöl pürieren.

Fertigstellen und Anrichten

Die Thunfischsteaks in Senfkorn-Panade mit dem Kohlrabi-Safran-Püree auf vorgewärmten Tellern anrichten. Mit schwarzem Olivenöl und Kohlrabiherzblättchen garnieren.

Schnell & einfach

Ohne die Senfkorn-Panade ist die Zubereitung einfacher. Damit das Thunfischfilet zart bleibt, darf es auf jeder Seite nicht länger als knapp 1 Minute braten. Danach sofort aus der Pfanne nehmen.

Schwertfisch mit sizilianischer Auberginen-Caponata

Zutaten *Für 4 Personen*

Caponata

2 Auberginen
4 Stangen Bleichsellerie
4 EL Olivenöl
1 Gemüsezwiebel
4 Tomaten
3 Knoblauchzehen
2 EL Pinienkerne
2 EL Rosinen, 1 EL Kapern
1 TL Zucker
4 EL Rotweinessig
Salz, Pfeffer

Schwertfisch

1 Zwiebel
1 Stange Bleichsellerie
4 EL Olivenöl
2 EL Kapern
2 EL Weinessig
4 Schwertfischsteaks, etwa 1 cm dick
Mehl, Salz, Pfeffer

Ausserdem

1 Zitrone
Sellerieblättchen

Anmerkung

Caponata ist ein typisch sizilianisches Sommergericht. Die Gemüse, insbesondere die Tomaten, müssen voll ausgereift und aromatisch sein. Caponata wird auch lauwarm oder kalt ohne weitere Beilagen als Vorspeise gegessen. Schwertfisch (franz. espadon, ital. pesce spada, span. pez espada oder emperador) ist ein imposanter Fisch mit einer langen, schwertähnlichen Verlängerung des Kopfes. Er erreicht bis zu 5 m Länge und wird mit der Harpune gejagt. Sein delikates festes Fleisch ist in seiner Konsistenz thunfischähnlich, im Geschmack jedoch milder. Wie Thunfisch darf er nur äußerst kurz gegart werden, sonst wird das Fleisch zu fest und trocken. Hauchdünn aufgeschnitten und mariniert eignet sich Schwertfisch vorzüglich als roh zubereitetes Carpaccio. Trotz deutlicher Überfischung ist er im Mittelmeer besonders in der Meerenge zwischen Sizilien und Nordafrika noch anzutreffen.

Zubereitung

Caponata

1 Auberginen vom Stängelansatz befreien und in Würfel von 3 cm Kantenlänge teilen. Vom Bleichsellerie sorgfältig die Fäden abziehen und in 2 cm lange Stücke teilen. Olivenöl in einer Pfanne erhitzen. Auberginenwürfel und Selleriestücke darin andünsten.

2 Die Zwiebel in nicht zu feine Stücke schneiden und nach einigen Minuten zum Bleichsellerie in die Pfanne geben.

3 Tomaten vom Stielansatz befreien und auf der gegenüberliegenden Seite kreuzweise einritzen. In sprudelnd kochendem Wasser einzeln 10 Sekunden blanchieren. Die Tomaten häuten, vierteln und entkernen. Das Fruchtfleisch quer in schmale Streifen teilen.

4 Knoblauch pellen und in feine Scheibchen schneiden. Sobald Auberginen, Sellerie und Zwiebel gar sind, die Tomatenstreifen und die Knoblauchscheibchen zufügen. Unter Schwenken 1 Minute dünsten und die Pfanne vom Feuer nehmen.

5 Pinienkerne in einer beschichteten Pfanne ohne Fett leicht anrösten. Mit den Rosinen und Kapern zum Gemüse geben und alles vorsichtig mischen. Die Caponata mit Zucker, Rotweinessig, Salz und Pfeffer würzen.

Schwertfisch

1 Zwiebel schälen und fein hacken. Den Bleichsellerie putzen und die Fäden abziehen. Die Stange zweimal längs teilen und in feine Würfel schneiden.

2 In einer Pfanne 2 EL Olivenöl erhitzen. Zwiebel- und Bleichselleriewürfel darin hell andünsten. Kapern zufügen und alles mit Essig ablöschen. Sobald dieser verdampft ist, die Mischung beiseitestellen und warm halten.

3 Die Schwertfischsteaks mit Mehl bestäuben, überschüssiges Mehl abklopfen. In einer Pfanne das restliche Olivenöl erhitzen und die Steaks darin bei mittlerer Hitze von jeder Seite knapp 1 Minute braten. Sofort aus der heißen Pfanne nehmen und mit Salz und Pfeffer würzen.

Fertigstellen und Anrichten

Die Schwertfischsteaks auf vorgewärmten Tellern anrichten. Etwas von der Zwiebel-Bleichsellerie-Kapern-Mischung darauf verteilen. Die Caponata zufügen und mit Zitronenspalten und Sellerieblättchen garnieren.

Laguiole

SCHWERTFISCH-SPIESS
AUF PASTA ALLA CHITARRA MIT MACADAMIA-PISTAZIEN-SAUCE

ZUTATEN *Für 4 Personen*

PASTA ALLA CHITARRA
200 g Weizenmehl
⅓ TL Salz
2 Eier
1 EL Olivenöl

SCHWERTFISCH-SPIESSE
600 g Schwertfischfilet
4 Rosmarinzweige
16 schwarze Oliven, entsteint
Salz, Pfeffer
3 EL Olivenöl

MACADAMIA-PISTAZIEN-SAUCE
100 g Macadamianüsse
100 ml Geflügelfond
50 ml Weißwein
150 g Crème fraîche
50 g Pistazienkerne
3–4 EL frisch geriebener Pecorino
Salz, Pfeffer

AUSSERDEM
1 Chitarra
einige Macadamianüsse, geröstet und grob gehackt

ANMERKUNG
Für die typischen Nudeln aus den Abruzzen ist eine spezielle Nudelmaschine, die Chitarra, erforderlich. Dabei handelt es sich um ein kastenförmiges Gerät aus Buchenholz. Der Rahmen ist von jeder Seite in exaktem Millimeterabstand mit feinen Drähten bespannt. Auf einer Seite liegen sie sehr eng (3 mm) beieinander. Auf der anderen Seite ist dazwischen etwas mehr Distanz (5 mm). Der fertige Nudelteig wird dünn ausgerollt, rechteckig zugeschnitten und auf den Drahtrahmen der Chitarra gelegt. Dann mit dem Nudelholz den Teig leicht durch die Drähte drücken. So entstehen genial einfach breitere oder feinere, in den Abruzzen Pasta alla chitarra genannte Bandnudeln.

ZUBEREITUNG

PASTA ALLA CHITARRA
1 Das Mehl auf die Arbeitsfläche sieben und in die Mitte eine Mulde drücken. Salz, Eier und Olivenöl hineingeben. Mit der Gabel mischen und das Mehl vom Rand her hineinrühren. Sobald der Vorteig dickflüssig wird, mit den Händen weiterarbeiten und zu einem glatten Teig verkneten. Sollte dieser zu fest werden, noch 1 EL Wasser einarbeiten. Den Teig zur Kugel formen. In Klarsichtfolie einschlagen und mindestens 1 Stunde im Kühlschrank ruhen lassen.
2 Den Teig dünn ausrollen und zu passenden Rechtecken schneiden. Mit dem Nudelholz durch den Drahtrahmen der Chitarra drücken. Die Pasta mit Mehl bestäuben und 20 Minuten trocknen lassen.

SCHWERTFISCH-SPIESSE
1 Das Schwertfischfilet waschen, trocken tupfen und in 3 cm große Würfel schneiden. Die Rosmarinzweige waschen und trocknen. Abwechselnd Schwertfischwürfel und schwarze Oliven daraufspießen. Mit Salz und Pfeffer würzen.
2 In einer Pfanne Olivenöl erhitzen und die Schwertfisch-Spieße darin insgesamt 2 Minuten von allen Seiten anbraten. Die Spieße in der Pfanne lassen und zugedeckt neben dem Herd einige Minuten warm ruhen lassen.

MACADAMIA-PISTAZIEN-SAUCE
1 Die Macadamianüsse in einer beschichteten Pfanne ohne Fett bei geringer Hitze ringsum leicht bräunen. Herausnehmen, kurz abkühlen lassen und die Macadamianüsse mit dem Messer hacken.
2 Die gehackten Nüsse mit Geflügelfond und Weißwein aufkochen. Die Crème fraîche, Pistazienkerne sowie den Pecorino unterrühren. Mit Salz und Pfeffer abschmecken.

Fertigstellen und Anrichten
Die Nudeln in leicht kochendem Salzwasser (10 g/Liter) in 4 bis 5 Minuten al dente garen. Abgießen und sofort mit der Macadamia-Pistazien-Sauce mischen. Die Pasta auf vorgewärmten Tellern anrichten und die Schwertfisch-Spieße darüberlegen. Mit gerösteten, grob gehackten Macadamianüssen und Pistazien bestreuen.

SCHNELL & EINFACH
Selbst gemachte Pasta alla chitarra kann für dieses Rezept durch fertig gekaufte Chitarra-Nudeln, Bavette oder Linguine (breitere oder feinere Bandnudeln) ersetzt werden. Statt Schwertfisch eignet sich auch frischer Thunfisch für diese Zubereitung. Der Thunfisch-Spieß sollte dann jedoch nur insgesamt 1 ½ Minuten von allen Seiten gebraten und nicht mehr warm gestellt werden.

Frische von Fisch und Meeresfrüchten prüfen

In der Fisch- und Meeresfrüchteküche ist Qualität und vor allem Frische die wichtigste Voraussetzung für das Gelingen guter Gerichte. Ideal ist frisch gefangener Fisch, der leider selten zur Verfügung steht. Deshalb ist es wichtig, das vorhandene Angebot beim Einkauf sehr genau zu prüfen.

Ganz entscheidend und einfach ist die Prüfung des Geruchs. Frischer Fisch, Krustentiere und Muscheln riechen kaum. Bestenfalls ist ein angenehmer frischer Duft nach Meer und Algen wahrnehmbar. Je älter Fisch und Meeresfrüchte werden, umso intensiver nimmt man Ammoniak als Zersetzungsgeruch wahr.

Alle Muscheln sollten fest geschlossen sein und keinen faulig modrigen Geruch aufweisen. Die Oberfläche frischer Fischfilets klebt nicht, wenn man mit der flachen Messerklinge darüberstreicht. Fingerabdrücke glätten sich wieder ohne Beulen zu hinterlassen.

Die Haut ganzer Fische soll glänzen, Farbe haben und darf nicht blass sein. Frischer Fisch ist von einer feinen Schleimschicht überzogen, deren Oberfläche klar und durchsichtig ist. Trockene Haut deutet auf zu lange Lagerung hin. Augen frischer Fische sind klar und nicht trüb und eingefallen. Kiemen sollen hellrot und dürfen nicht grau und verklebt sein. Der Fisch darf keine Druckstellen oder äußerliche Verletzungen aufweisen. Durch einen Daumendruck entstehende Beulen sollten sich wieder glätten.

Fisch ohne Haut gebraten und gebacken

Außen knusprig und innen saftig werden ganze Fische oder Fischfilets, wenn sie in einer Butter-Olivenölmischung von jeder Seite in der Pfanne nur eine Minute angebraten werden. Anschließend kommen sie je nach Größe für etwa 8–10 Minuten in den auf 160 °C (Umluft) vorgeheizten Backofen.

Fisch mit Haut gebraten

Besonders gut wird nur in der Pfanne gebratener Fisch mit Haut. Die Haut wirkt wie eine schützende Panade und der Fisch trocknet beim Braten nicht aus. Dafür in einer Butter-Olivenölmischung nur auf der Hautseite schön kross braten, bis der Fisch zu etwa zwei Dritteln durchgebraten ist. Dann erst herumdrehen und noch höchstens 30 Sekunden von der anderen Seite braten. Den Fisch sofort herausnehmen, sonst gart er in der heißen Pfanne nach und trocknet aus.

Fisch im Sud pochiert

Der einfachste Pochiersud besteht aus 2 Liter Wasser, 2 TL Salz, dem Saft einer Zitrone und 1 Lorbeerblatt. Ein Pochiersud lässt sich mit Wein, Fischfond, Gemüsen und Gewürzen je nach Rezept beliebig verfeinern. Der Sud wird einige Minuten gekocht. Erst dann kommt der Fisch hinein. Nun darf der Sud nicht mehr kochen. In etwa 10 bis 12 Minuten lässt man den Fisch im ca. 80 bis 90 °C heißen Sud langsam gar ziehen. Für spätere Zubereitungen bewahrt man den Fisch im Pochierfond auf und lässt ihn darin erkalten. Im Pochiersud kann der Fisch auch wieder vorsichtig erwärmt werden.

Fischzubereitung
in der Hagen Grote
Küche

S

T

W

Z

Impressum

Copyright

Grüner Dyk 36, 47803 Krefeld
info@hagengrote.de
www.hagengrote.de

Redaktion, Rezepte, Text Hagen Grote

Lektorat Katrin Wittmann

Fotografie Gerd Preiß

Layout Ulrike Schaar-Xhonneux

Reproduktion MWW Medien GmbH, Hamburg

Druck Mohn Media, Gütersloh

ISBN 978-3-9813369-0-0

In derselben Reihe erschienen:

Feine Küche schnell und einfach
Band 2 Rezepte mit Fleisch
ISBN 978-3-9813369-1-7